Dieser Band erscheint mit freundlicher Unterstützung
der Ostdeutschen Sparkassenstiftung
im Freistaat Sachsen gemeinsam mit den
sächsischen Sparkassen.

Inhalt

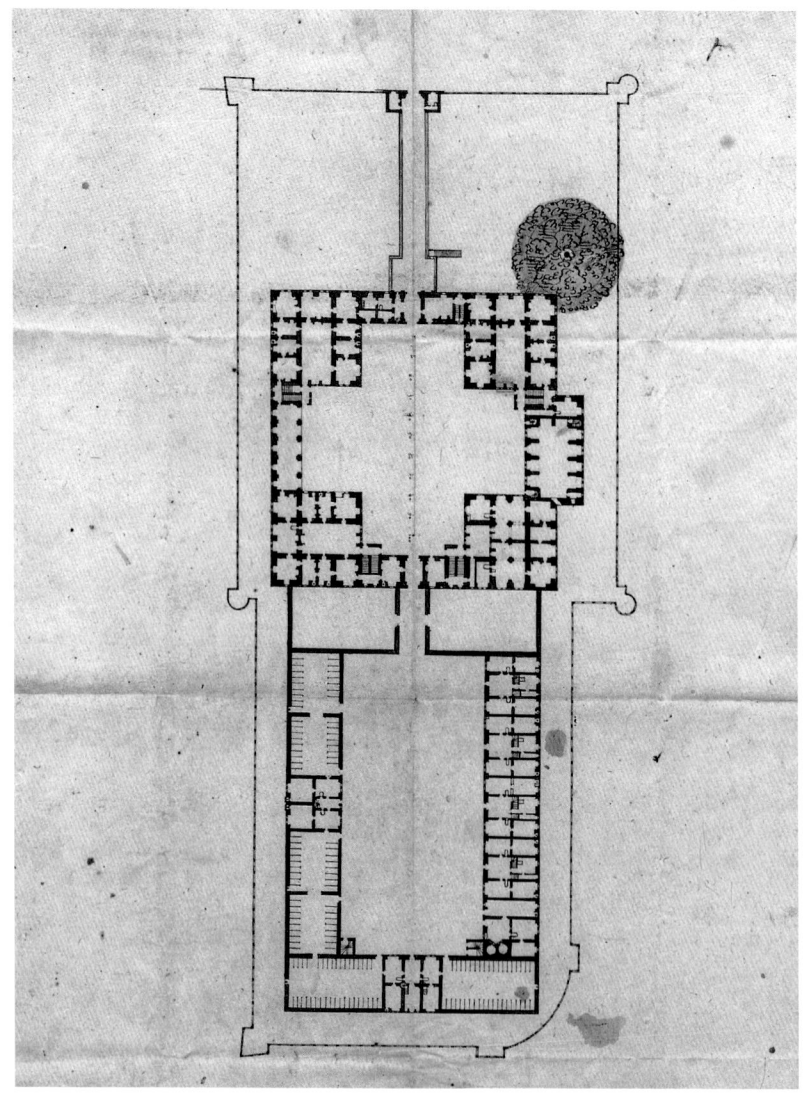

Grundriss der Schlossanlage

Was man wissen sollte

Adresse: Staatlicher Schlossbetrieb
Augustusburg/Scharfenstein/Lichtenwalde
09573 Augustusburg
Telefon: (037291) 3800, Fax (037291) 20591
eMail: (03725) 77133-l@t-online.de
Internet: www.augustsburg-schloss.de

Öffnungszeiten:

April–Oktober täglich	9-18 Uhr
November–März täglich	10-17 Uhr

Anfahrt: Der Ort Augustusburg ist ca. 15 km südöstlich von Chemnitz gelegen. Von der Autobahn A 4 Abfahrt Frankenberg oder Chemnitz-Ost über Flöha oder der Autobahn A 72 Abfahrt Chemnitz-Süd über Erdmannsdorf zu erreichen. Am Ortseingang und am Schloss stehen Parkplätze zur Verfügung.

Führungen: Täglich zu festen Zeiten und nach Voranmeldung.

Veranstaltungen: Konzerte, Sonderführungen
Der Informationskalender ist unter obiger Adresse zu beziehen.

Vermietungen: Anmietung von Räumlichkeiten im Innenbereich und Flächen im Außenbereich unter obiger Telefonnummer möglich (siehe auch S. 112).

Eintrittspreise: Informationen darüber erhalten Sie direkt beim Schlossbetrieb.
Gruppenrabatte ab 20 Personen 10% Ermäßigung

Gastronomie: Schlossrestaurant: Telefon (037291) 6375
Augustuskeller: Telefon (037291) 20740
Besonderheiten: Adler- und Jagdfalkenhof: März–Oktober: Dienstag–Sonntag
11 und 15 Uhr

Vorwort

»… das Eur Chur Fürstliche Gnaden dieses Baues Ewigen ruhm und Ehre haben werden, und dergleichen Jagthauß In Deutzschlanden, Ja wol In ganz Europa … schwerlich werde zufinden sein …«

Als Kurfürst August 1568 bis 1572/73 die Augustusburg errichten ließ, war der Platz wohl gewählt. Weithin sichtbar, erhob sich das neue Jagdschloss auf einem 516 Meter hohen Quarzporphyrkegel über dem Zschopautal. Treffend schrieb ein Heimatfreund zu Beginn des 20. Jahrhunderts: »Es gibt wohl selten ein Schloß, das so entzückend schön liegt, wie die Augustusburg. Mag der Wanderer sich ihr von Norden, Osten, Süden oder Westen nähern, immer wird sein Blick schon von weiter Ferne gefesselt. Trutzig reckt sie ihre wuchtigen Mauern mit den duncklen Dächern und den klobigen Türmen in den lichthellen Himmel empor.«

Auch über 400 Jahre nach ihrer Errichtung hat dieses Bauwerk nichts von seiner imposanten Ausstrahlung eingebüßt. Trotz einer wechselvollen Geschichte und mancher baulicher Veränderungen in den vergangenen Jahrhunderten stellt es immer noch ein beliebtes Ausflugsziel dar. Nicht ohne Grund wird die Augustusburg als die »Krone des Erzgebirges« bezeichnet. Von hier eröffnet sich dem Besucher ein großartiger Blick auf das Erzgebirge und sein Vorland.

Die vorliegende Publikation versucht einen Überblick über Vergangenheit und Gegenwart des Schlosses zu geben. Dazu wurden bisher erschienene Literatur ausgewertet und zahlreiche Fakten zusammengetragen. Ein intensives Archivstudium ermöglichte neue Sichtweisen. Einen besonderen Schwerpunkt stellt dabei die Baugeschichte dar, beginnend mit dem Vorgängerbau, der Burg Schellenberg, und deren Abbruch, über den Bau des neuen Schlosses bis hin zu baulichen Veränderungen im 20. Jahrhundert. Aber auch dem Problem der Wasserversorgung für das Schloss sowie kunstgeschichtlichen und ikonographischen Aspekten wird Rechnung getragen. Ein zweiter größerer Abschnitt widmet sich der heutigen, vor allem musealen Nutzung des Schlosses.

Dadurch, dass die Geschichte der Augustusburg anhand bestimmter ausgewählter Sachverhalte zur Darstellung gelangt, werden Fragen offen gelassen, so dass auch weiterhin die Spurensuche und kritische Auseinandersetzung mit der Vergangenheit des Jagdschlosses nicht enden wird.

Ansicht des Schlosses von Osten

Die Burg Schellenberg – der Vorgängerbau

Vor der siedlungsmäßigen Erschließung des mittleren und westlichen Erzgebirges im 12. Jahrhundert bestand der »Miriqui-di« (= Dunkelwald) aus Buchen und Tannen, nur teilweise mit Fichten gemischt. Bis dahin gab es hier keine dauerhaften bäuerlichen Niederlassungen, nur einige böhmische Steige durchzogen das Gebirge. In Verbindung mit dem Ausbau des Reichsterritoriums »Pleißenland« ließen sich nach 1150 bäuerliche Siedler zunehmend entlang der Flussläufe nieder. An den Stellen, wo die böhmischen Steige den Fluss querten, entstanden zur Sicherung der Furt meist Burgen.

Die Verwaltung des Pleißenlandes übertrugen die Kaiser nicht adligen Vasallen, sondern unfreien Dienstmannen, den Ministerialen. Diese hatten vorrangig die Aufgabe, das Pleißenland politisch zu leiten und die Kolonisation voranzutreiben.

Zu jenen Reichsministerialen, welche im Auftrag des Kaisers Land rodeten, gehörten auch die Herren von Schellenberg. Die gleichnamige Burg, die den Mittelpunkt ihrer Herrschaft bildete, stand bis Herbst 1567 an der Stelle des Schlosses Augustusburg. Erstmals urkundlich als Zeugen des Markgrafen Dietrich von Meißen (1197 bis 1221) wurden am 31. März 1206 »Wolframus et Petrus fratres de Shellen-berc« genannt.[1]

Durch ihre Beteiligung am Landesausbau im Pleißenland gelang es ihnen, ein abgeschlossenes Herrschaftsgebiet zu er-richten, welches Anfang des 14. Jahrhunderts 13 bis 17 Dörfer umfasste.

Als 1243 das Pleißenland als Pfand an die Wettiner ging, versuchten dieselben, die Reichsministerialen unter ihre Hoheit zu bringen, wozu sie besonders auch Auseinandersetzungen nutzten. So hatten seit Ende des 13. Jahrhunderts die Brüder Heinrich und Ulrich von Schellenberg Streitigkeiten mit dem Kloster Altzella. Zu einer ersten militärischen Expedition Friedrichs des Freidigen kam es 1286, als er die Burg belagerte. Eine zweite Blockade folgte im Spätsommer 1292, die Wirkung zeigte: Zu Beginn des Jahres 1293 kam ein Vergleich zwischen den Herren von Schellenberg und dem Kloster Altzella zustande, in dem das Kloster eine Abstandszahlung versprach. Der Frieden währte jedoch nicht lange. 1319 brachen die Auseinandersetzungen erneut aus. Die Folge war die Exkommunizierung Heinrichs III. von Schellenberg, der allerdings im gleichen Jahr wieder freigesprochen wurde. Da er die Auseinandersetzungen nicht beendete, wurden ihm durch König Ludwig IV. (1314-1347) alle in seinem Besitz befindlichen Reichslehen abgesprochen, auch das Lehen über die Burg Schellenberg.

Die gesamte Herrschaft der Herren von Schellenberg gelangte 1324 in die Hände von Markgraf Friedrich dem Ernsthaften (1323-1349). Während die Burgen Lauterstein und Rauenstein als Lehen vergeben wurden, blieb die Burg Schellenberg im

Besitz der Wettiner. Diese nutzten dieselbe besonders in der Herbst- und Wintersaison als Jagdsitz. So weilte Markgraf Wilhelm von Meißen im Jahre 1386 von Anfang August bis Mitte September hier und ging seiner Jagdleidenschaft in den erzgebirgischen Wäldern nach. Später erfreute sich die Burg unter den beiden Herzögen Ernst und Albrecht steigender Beliebtheit. Sie bezogen z. B. 1475 die Burg bereits im Juni und blieben bis November. Herzog Georg (1500–1539) floh vor der Pest aus Dresden nach Schellenberg und blieb vom 15. August bis 17. Dezember 1521 hier.

Wann die Burg Schellenberg entstand, ist nicht belegbar, da durch den Neubau des Schlosses Augustusburg keine sichtbaren baulichen Reste der alten Wehranlage vorhanden sind. Die in der zweiten Hälfte des 12. Jahrhunderts errichteten Burgen des Pleißenlandes hatten in erster Linie den Siedlungsausbau zu sichern, auch die Burg Schellenberg. Sie kontrollierte die Verkehrswege und das Umland, war gleichzeitig Mittelpunkt eines wirtschaftlichen Kleinraumes, Rechtsort und auch Wohnsitz eines reichsministerialen Geschlechtes.

Die Burganlage erstreckte sich von Nordosten nach Nordwesten auf der Bergkuppe, sie befand sich demnach im Bereich des heutigen Sommer- und Lindenhauses der Augustusburg. Zum Gebäudebestand, der anhand der spärlichen archäologischen und schriftlichen Quellen ermittelt werden kann, gehörte ein Brunnen als eine Art Fil-

Vermutlich Darstellung der Burg Schellenberg. Ausschnitt aus dem Altargemälde von Lucas Cranach d. J. in der Schloßkirche, 1571

terzisterne, eine Mauer, ein Graben, ein Torhaus und ein Wirtschaftsgebäude. Zu Letzterem zählten Bade-, Back-, Brau- und Schlachthaus sowie die Küche.

Eine bildliche Darstellung der Burg Schellenberg befindet sich in der rechten Bildhälfte des von Lucas Cranach d. J. 1571 für die Augustusburger Schlosskirche gemalten Altarbildes.

Im Jahre 1528 wurde die Burg durch Brand in Mitleidenschaft gezogen. Am 8. April 1547 zerstörten feindliche Truppen während des Schmalkaldischen Krieges auch Teile der Wehranlage und des Inventars. Am 27. April 1547 abends zog ein Unwetter auf und verursachte durch Blitz einen Brandschaden. Allerdings handelte es sich dabei nur um eine partielle Zerstörung in einem Seitengebäude und im Stall.

Baugeschichte des Schlosses

Der Anlass des Schlossbaues

Die Bautätigkeit der im Kurfürstentum Sachsen regierenden Wettiner prägte maßgeblich die Entstehung und beginnende Entwicklung des neuzeitlichen Schlossbaues im deutschen Reich. Sie wurde in der Zeit zwischen 1470 und 1570 von keinem anderen Fürstenhaus weder an Umfang noch an künstlerischer Bedeutung übertroffen. Die Bauten zeigten nicht nur politischen Rang und Anspruch der Wettiner, sondern auch ihre wirtschaftliche Leistungsfähigkeit durch ihren direkten Anteil an den Gewinnen des erzgebirgischen Silberbergbaues.

Die Reihe dieser glanzvollen Bauten leitete die Errichtung der Albrechtsburg zu Meißen ein, welche 1471 im Auftrag der gemeinsam regierenden Brüder Ernst und Albrecht durch Arnold von Westfalen begonnen wurde. Der erfolgte Wechsel der Kurwürde auf die albertinische Linie der Wettiner 1547 war der Impuls für den Um- und Erweiterungsbau des Dresdner Schlosses seit 1548. Es sollte durch seine

Karte von Sachsen, Meißen und Thüringen, 1576

Kurfürst August von Sachsen (1526–1586).
Miniaturbild von Benedikt Thola in einem
Psalter der Landesbibliothek Dresden, um 1560

Einmaligkeit und seinen künstlerischen
Anspruch alle vorherigen Schlossbauten
übertreffen und dabei dem kurfürstlichen
Rang der Albertiner einen angemessenen
Ausdruck verleihen.

Die imposante Reihe landesherrlicher
Schlösser, welche in der zweiten Hälfte des
16. Jahrhunderts entstanden, zeigt, dass allein quantitativ diese Periode für den sächsischen Schlossbau äußerst produktiv gewesen war. Bei den etwa 50 Schlössern und
Jagdhäusern, welche Kurfürst August neu
oder umbaute, spielten weniger landesherr-
liche Repräsentation als praktische Be-
dürfnisse eine Rolle. Eine Ausnahme unter
den Bauten Kurfürst Augusts bildete das

1568 bis 1572/73 erbaute Schloss Augustusburg, dessen Errichtung sich unmittelbar
auf ein wichtiges politisches Ereignis bezog:
Durch den Sieg in den »Grumbachschen
Händeln« hatten die Albertiner gegenüber
den Ernestinern die Kurwürde behaupten
können.

Nicht nur, dass der ernestinische Herzog
von Sachen seit 1557 dem mit dem Bistum
Würzburg verfeindeten Ritter Wilhelm von
Grumbach Zuflucht gewährte, er ernannte
diesen auch zu seinem herzoglichen Rat.
Als Grumbach am 4. Oktober 1563 von er-
nestinischem Gebiet aus die Stadt Würzburg besetzen ließ, um eigene persönliche
Genugtuung zu erlangen, erfolgte zwei
Tage nach dem Überfall ein Achts-Exeku-
tionsmandat gegen Grumbach, seine An-
hänger und Beschützer. Ein weiteres Man-
dat forderte von Herzog Johann Friedrich
die Auslieferung der Verbrecher.

Allerdings verschob sich die Ausführung; erst am 13. Mai 1566 war mit der Ver-
kündung einer wiederholten Acht gegen
Grumbach und seine Verbündeten die
Entscheidung gefallen. Kurfürst August
als Obersten des obersächsischen Reichs-
kreises wurde die Exekution übertragen.
Mit einem Reichsaufgebot marschierte er
zur Festung Grimmenstein in Gotha, der
Residenz von Johann Friedrich, um dieselbe zu belagern. Am 13. April 1567 ergab
sich die Stadt Gotha bedingungslos, das
Kriegsvolk wurde entlassen und die Geäch-
teten ausgeliefert. Herzog Johann Friedrich der Mittlere wurde von kaiserlichen
Kommissaren in die Gefangenschaft abge-
führt, wo er bis zu seinem Tode 1595 verblieb. Grumbach und seine Mitstreiter
wurden nach langen Verhören hingerich-

tet. Als die Befestigungen von Grimmenstein geschleift waren, verließen die Er-
oberer die Stadt. Der Sieg war nicht nur
ein Erfolg für Kurfürst August, dessen Einfluss am Kaiserhof gestärkt wurde, sondern
stellte gleichzeitig auch einen Triumph für
die Reichsautorität und den albertinischen
Staatsgedanken dar.

Aus Anlass seines Triumphes fasste
Kurfürst August den Entschluss, an der
Stelle der alten Burg Schellenberg eine
neue Schlossanlage zu errichten.

So schätzte er auch ein, »das unser schloß
Schellennbergk in dem verfloss [enen] [15]
47. Jahre der mehrer theil durch antzün-
dung des hagelwetters abgebrandt, wel-
cherhalbenn die Maurenn bißher also ver-
torbenn, das kein weiter gebeude bestenn-
dick zue bleibenn darauff zue wagenn«².
Es ist nicht bekannt, ob dieser Grund
nur vorgeschoben und die Bausubstanz
wirklich so schlecht war oder ob August
für einen vollständigen Neubau auf einem quadratischen Grundriss keine andere Wahl hatte, als die Burg abtragen zu
lassen.

Die unmittelbare Bezugnahme des
Schlossbaues auf die »Grumbachschen
Händel« findet in der Schrift, die am
30. März 1568 in den Grundstein gelegt
wurde, ihren Ausdruck: »Do hat hocher-
meltter Churfürst als gewesener feldt herr,
Dis schloß den Augustusperg zu Einem
Ewigen gedechtnus des gemachten frides
zuerpauen verordent.«³ Auch die Namens-
gebung für das neue Schloss und das Altarbild der Schlosskirche, eine Darstellung
der kurfürstlichen Familie, werden wohl in
diesem Sinne einzuordnen sein: August
setzte sich ein Denkmal – sein Denkmal.

Der Neubau des Schlosses 1568 bis 1572/73

Der Urheber der Augustusburger Entwurfsidee, nach der auch das erste hölzerne Modell entstand, lässt sich nicht mehr feststellen. Kurfürst August allerdings fungierte
in allen Phasen der Errichtung als »Obers-
ter aller Baumeister«.

Zu seinem Oberbaumeister, der nach
seinen Vorgaben und Vorstellungen den
Bau leiten sollte, wählte er den 1497 in
Nürnberg geborenen Hieronymus Lotter.
Dieser zählt zweifellos zu den herausra-
gendsten Persönlichkeiten der sächsischen
Architekturgeschichte der zweiten Hälfte
des 16. Jahrhunderts. Seine Kenntnisse von
Bauwerken, sein Vermögen und seine Stellung am Dresdner Hof befähigten ihn sicher, in Leipzig Bauten wie den Festungs-
bau, die Bauarbeiten an der Pleißenburg
oder den Bau der Moritzbastei zu leiten.
Sein Meisterstück war wohl die Errichtung
des Leipziger Alten Rathauses 1555/56, damit stellte er nicht nur seine organisatori-
schen Fähigkeiten, sondern auch sein Können und seine Erfahrungen als Baumeister
unter Beweis.

Ohne Zweifel waren es die Leistungen
Lotters als Baumeister und das persönliche
Verhältnis zu ihm, die Kurfürst August
bewogen haben, ihm auch die Bauleitung
der Augustusburg zu übertragen.

Lotter selbst hegte Bedenken gegen die
Übernahme dieser Aufgabe. Die Gründe
dafür waren sein hohes Alter und die Bean-
spruchung durch die Aufgaben und Ver-
pflichtungen im Leipziger Rat, beim Bau
der Pleißenburg und bei der Leitung seines
Bergwerkes in Geyer. Wenn er gewusst

hätte, wieviel Belastung, Kummer, Schimpf und Schmach auf ihn zukommen würden, hätte er diesen kurfürstlichen Auftrag sicher nicht übernommen. Zudem handelte es sich um ein Ehrenamt ohne Besoldung. Es sollen wohl besonders die Überredungskünste der Kurfürstin gewesen sein, die Lotter letzten Endes umstimmten.

Für die Zeit der Erbauung des Schlosses Augustusburg 1568 bis 1572/73 ist die Akten- bzw. Quellenlage äußerst günstig. So sind allein über 100 mehrseitige Handschreiben Lotters an Kurfürst August überliefert, worin er über das Baugeschehen auf dem Schellenberg berichtet. Nicht in so großer Anzahl, aber dennoch zahlreich sind die Antwortschreiben des Kurfürsten. Allein diese umfangreichen Nachrichten werden ergänzt durch Schriftstücke zum gleichen Sachverhalt vom Schösser des Amtes Schellenberg Urban Schmidt, dem Verwalter des Oberbergamtes Martin Planer und von sächsischen Hofbeamten. Nicht vergessen werden sollen die Baurechnungen, die seit dem 3. November 1571 wöchentlich überliefert sind, während es für die Zeit davor nur vereinzelte gibt.

Die Errichtung des Schlosses Augustusburg kann in zwei Phasen eingeteilt werden: Die erste erstreckte sich von 1567 bis 1569 und beinhaltete den Abbruch der Burg Schellenberg und den Rohbau des neuen Kernschlosses. Die zweite Phase reichte von 1570 bis 1573 und umfasste den Innenausbau des Kernschlosses, die Gestaltung des Umfeldes, den Bau des Wagen- und Kohlenhauses, der Wirtschaftsgebäude sowie die Anlegung des Gartens und der Verbindungswege.

Das erste Mal auf dem Schellenberg im Zusammenhang mit dem Neubau des Schlosses befand sich Lotter zusammen mit dem kursächsischen Rentmeister Bartel Lauterbach vom 15. bis 19. August 1567. Zu diesem Zeitpunkt war bereits die erste Visierung des Schlossneubaus in Arbeit, ohne dass beide diese kannten.

Von vornherein stand bei Kurfürst August fest, die noch vorhandenen Gebäudeteile der Burg Schellenberg abzutragen. Dass die Burg völlig zerstört war, trifft nicht zu. Lotter und Lauterbach fanden eine intakte Burganlage vor, die zwar Schäden erlitten hatte, aber noch bewohnbar gewesen wäre. Dennoch wollte Kurfürst August einen vollkommenen Neubau. Mit allen Gebäudeteilen wäre sicher die Regelmäßigkeit des neuen Schlosses nicht erreicht worden. Auch einige Häuser, die sich im Bereich der heutigen Schlossanlage befanden, wurden abgetragen. Ebenso musste der Gottesacker verlegt werden, weil er dem Schlossneubau zu nahe lag.

Basierend auf der Ortsbesichtigung, von der Lotter und Lauterbach schriftlich Bericht erstatteten, erließ Kurfürst August, selbst in Schellenberg weilend, am 8. September 1567 die »Instruktion den schellenberg[ischen] schloßbaw belangende«.

In jener werden zunächst Aufgaben festgelegt, die sich unmittelbar mit dem Abbruch der Burg Schellenberg und den Vorbereitungen für einen baldigen Baubeginn befassten. Die wichtigste Aufgabe Lotters bestand darin, alle Einnahmen und Ausgaben zu überwachen. Dazu wurde ihm auch ein Bauschreiber zugeordnet, der für die wöchentliche Lohnabrechnung mit den Bauarbeitern und die Einstellung der

Hieronymus Lotter. Gemälde (Detail) von 1569 im Alten Rathaus in Leipzig

Baugeschichte des Schlosses

neuen Arbeiter zuständig war. An viele kursächsische Ämter und Städte erging außerdem die Anweisung, dass sich alle Maurer erst bei Lotter auf dem Schellenberg melden sollten, bevor sie eine andere Arbeit annahmen.

Lotter war laut Instruktion vom 8. September 1567 verpflichtet, solange die Bauarbeiten auf dem Schellenberg währten auch in der Nähe der Baustelle zu bleiben. Im Herbst/Winter 1567 bewohnte er noch das Torhaus, welches sich im Bereich der heutigen Schlosskirche befand. Da es jedoch in absehbarer Zeit auch abgerissen werden sollte, musste er sich nach einer anderen Unterkunft umsehen. So erwarb er am 30. September 1567 in Schellenberg ein Grundstück in der Nähe der Kirche und baute sich von dem Abbruchholz der Burg, das er von Kurfürst August geschenkt erhielt, eine neue Behausung, das so genannte Lotter-Haus. Als Kurfürst August Ende Mai 1568 mehrere Tage in Schellenberg weilte, bewohnte er mit seiner Familie diese Unterkunft.

Es ist anzunehmen, dass die Instruktion vom 8. September 1567 für Lotter nicht alle Türen und Tore öffnete. Deshalb stellte der Kurfürst am 3. Januar 1568 eine neue »Erklärung« aus, die sich auf den Schlossneubau bezog. Darin bestätigte er, dass er Lotter zum obersten Baumeister ernannt hatte. Verantwortlich war Lotter für die Organisation und Koordinierung der Handwerker und deren Entlohnung, die Materialbeschaffung, die Rechnungsführung sowie die Umsetzung der Ideen des Kurfürsten für den Schlossbau. Gleichzeitig versprach Kurfürst August auch, die nötigen finanziellen Mittel bereitzustellen.

Während am 13. August 1567 das erste hölzerne Modell noch nicht vollständig gefertigt war – die Dachung fehlte noch –, wurde in der Instruktion vom 8. September 1567 bereits angeordnet, dass der Schlossbau »nach dem neuen Muster verfertigt werden sollte«. Das erste Gesamtkonzept, dargestellt als hölzernes Modell, lag demnach zu diesem Zeitpunkt Lotter als Entwurfsgrundlage vor. Auch wenn dabei viele Einzelfragen noch ungeklärt waren, legte es nicht nur die Gestaltung des ungewöhnlich regelmäßigen Außenbaues fest, sondern auch den Grundriss der Räume. Es überwogen zweifellos geometrische Figuren. Zu diesem hölzernen Modell äußerte sich Lotter in einem Brief vom 16. September 1567.

Als erstes Problem sah er, dass »in der übergebnen geschnitzten Bauvisierung des neuen Hausses auf der Augustusburg gar nichts vermeldet wirdt, was Stuben, Kammern, Säle, Küchen, Gewölbe, Ziergarten, Schlachthaus, Backhaus, Brau- und Maltzhaus sein sollen und wohin ein jedes soll geordnet und gebaut werden«[4].

Auf der Grundlage dieses vorliegenden Modelles lies Lotter einen nicht überlieferten Grundriss anfertigen, den er mit »A« bezeichnete. In einem zweiten, gleichfalls nicht mehr vorhandenen Grundriss »B« brachte Lotter einige Veränderungen an, was besonders die Anordnung der Räume betraf. So schlug er vor, die kurfürstlichen Wohngemächer etwas größer anzulegen, doch der Kurfürst wollte nicht. Lotter sollte sich nicht beirren lassen, sondern alles nach dem vorliegenden Entwurf bauen. Ein weiterer Vorschlag Lotters war die vertikale Erschließung des Schlosses durch

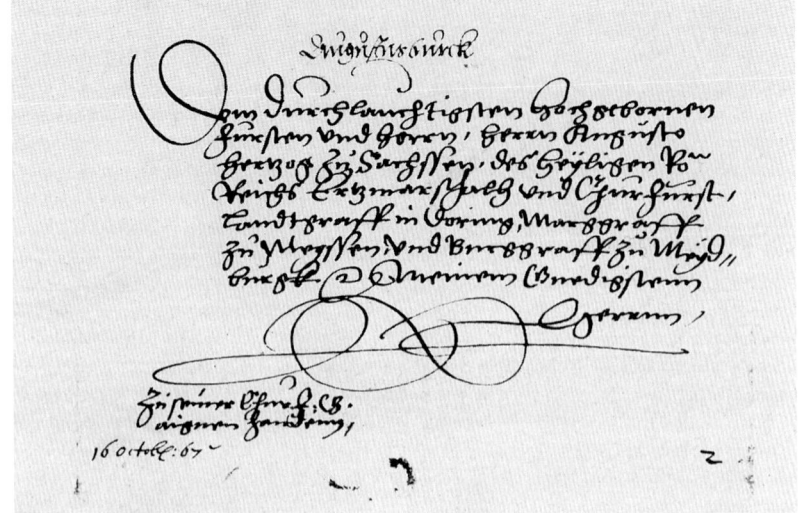

Brief Lotters an Kurfürst August vom 16. Oktober 1567 (Auszug)

Treppen und nicht – wie im Modell vorgesehen – durch Wendeltreppentürme. Kurfürst August gefiel dieser Gedanke, und er stimmte zu. Eine Neuordnung der Küche lehnte er jedoch ab.

Sicher eine Verbesserung war die von Lotter vorgeschlagene Fertigung von verborgenen Auf- und Abgängen in den Mauertiefen. Wie diese Gänge angelegt sein sollten, konnte August sich nicht recht vorstellen, da aus Lotters Grundriss »B« dieselben auch nicht detailliert zu erkennen waren. Trotzdem war er einverstanden.

Die Anregung Lotters, das Kernschloss vier Meter breiter anzulegen als die hinteren Gebäude, wurde von August begrüßt. Weitere Vorschläge betrafen die Setzung von zwei Reihen und nicht nur von einer

Reihe Säulen im Stallgebäude. Entgegen Lotters Vorschlag wollte Kurfürst August jedoch kein Brau- und Malzhaus in den Hintergebäuden.

Die Arbeiten im Herbst 1567 dienten dazu, die Ruine der Burg Schellenberg abzutragen und Vorrat für den im Frühjahr 1568 beginnenden Bau zu schaffen. Für den Neubau des Schlosses, der mit dem Sommerhaus begann, wurde am 30. März 1568 der Grundstein gelegt. In Kupfer verwahrt, legte Lotter eine Gedächtnisschrift und den »Gotha-Capta-Taler« bei, eine Gedächtnismünze über die siegreiche Beendigung der Grumbachschen Händel 1567.

Kurfürst August war mehrmals auf dem Schellenberg, um sich über den Fortgang

Baugeschichte des Schlosses

der Bauarbeiten persönlich zu informieren, auch zu kontrollieren, ob nach seinen Vorgaben gearbeitet wurde. Als er nach Pfingsten 1568 dort weilte, ließ er vernehmen, dass er auf jedes Eckhaus einen hölzernen Turm als Dachabschluss haben will. Bis zu diesem Zeitpunkt war noch nicht über eine endgültige Dachlösung entschieden. Für diese Dachveränderungen musste Lotter einen Entwurf liefern, welchen er in zwei Varianten übersandte.

Wahrscheinlich war Kurfürst August Anfang Juli 1568 selbst auf dem Schellenberg und gab Lotter die Anweisung, ein Gesamtmodell des Schlossbaues mit sämtlichen Veränderungen herzustellen.

Ende August 1568 begann der Zimmermann, den Dachstuhl auf dem Sommerhaus zu errichten. Am 10. September arbeiteten daran immerhin 43 Zimmerleute.

Mitte September 1568 kamen auch Leipziger Maurer nach Augustusburg, denn Lotter schätzte ihre Fertigkeit, mit Ziegeln Gewölbe zu bauen. Ende Oktober 1568 äußerte Kurfürst August Bedenken wegen der Verwendung von Bruchsteinen für die Wölbung des obersten Saales. Allerdings räumte Lotter alle Vorurteile aus dem Weg, indem er dem Kurfürsten genau berichtete, wie diese Wölbung vonstatten ging. Am 4. Oktober sollte die Eindeckung des Sommerhauses beginnen, und Lotter hoffte, auch innerhalb von drei Tagen damit fertig zu werden.

Nach der provisorischen Eindeckung des Sommerhauses wurden Anfang Dezember 1568 die darin befindlichen Räume verputzt und so eingerichtet, dass einige Gewerke über den Winter darin arbeiten und wohnen konnten. Dazu gehörten die

Tischler, die Fensterrahmen und Türen fertigten. Obwohl die Kleinschmiede ihre Schmiede vor dem Schloss hatten, bekamen sie eine Werkstatt zum Nacharbeiten in diesen Gemächern. Auch die Glaser erhielten Räumlichkeiten zugewiesen, damit sie an den Verglasungen der Fenster weiterarbeiten konnten. Die übrigen Gemächer bezogen die Obermeister und Befehlsleute.

Über die Gestaltung der Schlosskirche gab es Anfang September 1568 noch keine Vorstellungen. Kurfürst August hatte nur bestimmt, »eine schöne Kirche zubauen und einen Abriß zumachen«[5]. Es war Erhardt von der Mehr, der die Entwürfe lieferte, nach denen ein hölzernes Modell bis Ende November 1568 gefertigt wurde. Lotter überbrachte es, als er sich Ende Dezember 1568 nach Dresden zu Kurfürst August begab.

Gotha-Capta-Taler, aus Anlass der Beendigung der »Grumbachschen Händel« geprägt

Schlosskirche. Planzeichnung, vermutlich Erhardt von der Mehr, um 1570

Über Erhardt von der Mehr, dem am Schlossbau tätigen Obermeister der Maurer, ist wenig bekannt. Bevor er in sächsische Dienste trat, war er als Baumeister für Graf Günther von Schwarzburg in Arnstadt tätig. Am 24. September 1567 kam ein Vergleich zwischen Lotter als Baumeister und Erhardt von der Mehr zustande. Bestallt als Oberwerkmeister beim Bau der Augustusburg nahm er neben Hieronymus Lotter eine herausragende Position als dessen Assistent ein. Sein Einfluss auf den Bau kann allerdings nicht ausreichend geklärt werden. Eine Zusammenarbeit mit Erhardt von der Mehr scheint jedoch nicht immer einfach gewesen zu sein. So befürchtete später auch Roch von Linar, dass er sich nicht an die von ihm gestellten Anweisungen halten würde.

Gleich zu Beginn seiner Anstellung im Frühjahr 1568 brachte Erhardt von der Mehr einen neuen Grundriss für den Schlossneubau persönlich nach Dresden, doch der Kurfürst wollte an seinem vorliegenden Bauplan keine Veränderungen mehr vornehmen.

Der Bau der Kirche begann im April 1569. Im August 1571 war sie so weit fertig, dass, abgesehen von kleineren Arbeiten, nur noch das Inventar fehlte. Allerdings war das Gewölbe anders gebaut worden als im Modell vorgesehen. Obwohl die Schlosskirche mit ihrer außergewöhnlichen Deckengestaltung ein Hauptbeispiel des niederländischen Einflusses in Mitteldeutschland darstellt, steht sie dennoch in der Tradition der evangelischen Schlosskapellen des mitteldeutschen Raumes.

Baugeschichte des Schlosses

Im April 1569 begannen auch die Arbeiten an den Kellern des Linden-, Hasen- und Küchenhauses, dazu wurde der hintere Teil des Berges, wo die Wirtschaftsgebäude erbaut werden sollten, aufgeschüttet. Anfang August 1569 erfolgte die Errichtung des Traktes zwischen Sommer- und Lindenhaus. Für die Gestaltung des darin geplanten Nordtores schickte Lotter am 6. August 1569 einen Abriss an Kurfürst August. Allerdings stammte diese Entwurfsidee nicht von Lotter. Es ist anzunehmen, dass sie von Erhardt von der Mehr war, da von seinen Vorschlägen vom März 1568 nur die Gestaltung des Tores übernommen wurde. Gleichzeitig übermittelte Lotter an den Kurfürsten auch eine Visierung des inneren Tores dieses Querbaues ebenso für die Brücke, da vor dem Tor ein tiefer Graben entstanden war. Lotter gedachte jedoch keine Zugbrücke zu bauen, sondern einen Übergang, der mit einem Rad zu ebener Erde aus- und eingezogen werden konnte.

Bis Anfang Dezember 1569 standen mit einer provisorischen Brettereindeckung drei Eckhäuser und die Kirche. Das vordere und hintere Tor war bis zum ersten Geschoss aufgeführt und die Tore mit ihrem Steinwerk gesetzt, auch die Schlosstore eingehangen und neben der Galerie mit einer provisorischen Dachung versehen. Es wurde auch über den Winter ein Wächter angestellt. Bis Ende 1569 war damit der Rohbau des Schlosses weitgehend beendet. So konnte ab 1570 der Innenausbau beginnen.

Allerdings beklagte sich Lotter in seinem Brief vom 27. April 1570 an Kurfürst August, dass er zur Ausgestaltung des Schlosses noch keine Instruktion hätte. Aus diesem Grund erließ August ein »Verzeichnis, welcher Gestalt die Gemächer auf der Augustusburg sollen ausgebaut und verfertigt werden«. So mussten sämtliche Räumlichkeiten, nachdem die beschädigten Ziegel und der abgefallene Kalk ausgebessert waren, getüncht werden. Alle Wohnräume erhielten eine Dielung mit Brettern, jedoch einen Meter vor dem Kamin Steine, die Säle hingegen nur steinerne Platten.

Die anderen Anweisungen betrafen die Malerei. So sollte jedem Raum ein besonderes Wappen zugeteilt werden, »welchs

Schnittzeichnung der Dachkonstruktion von Hieronymus Lotter, um 1570

der Mahler mit zugehörigen Helmdecken und Farben über die Türen und Kammern« malen und es so eingeteilt sein musste, dass ein Gemach ein dänisches und das andere ein sächsisches Schild erhalte. Für das behauene Steinwerk an den Türen, Fenstern und Kaminen war ein Anstrich vorgesehen, welcher einer Marmortäfelung ähnelte. Auch alle Bänke, Betten und Tische sollten wie das Steinwerk bemalt werden. Für diese Arbeit bestimmte Kurfürst August den Dresdner Maler Heinrich Göding, welcher Ende Juni/Anfang August 1570 auf dem Schellenberg eintraf, um sich dieser Aufgabe zu widmen.

Am 3. Juli 1570 begannen die Steinsetzer den Innenhof zu pflastern. Anfang Juli musste jedoch Lotter geloben, bis 11. November 1570 das Hasen- und Lindenhaus zu Ende zu bringen, dass es bewohnt werden könne.

Wahrscheinlich kam es 1570 zu einer Konzeptionsabweichung. Die Anweisung des Kurfürstens ist allerdings nicht überliefert. Diese Veränderungen betrafen die Dachausbauten, wozu zwangsläufig auch der Dachstuhl der Eckhäuser partiell geändert werden musste. Damit entstanden auf dem Küchenhaus, Hasenhaus und Sommerhaus unterhalb der bereits zu diesem Zeitpunkt errichteten Türme vier Erker, jeweils auf jeder Seite einer. Das Lindenhaus allerdings erhielt eine von den übrigen drei Gebäuden abweichende Konstruktion, es besaß den Turmaufbau nicht. Das Dach war so gestaltet, dass es ein Geschoss höher war als die übrigen Häuser und dann schließlich die Erkerdächer in Form einer Spitze zusammenliefen. Mit der Fertigstellung desselben bis Mitte September 1570

erhielten auch die elf Schornsteine ihre richtige Höhe. Weiter wurden alle Gewölbe im Lindenhaus geschlossen, das Erdgeschoss vollständig getüncht, die Stuben und Kammern gedielt und zum Teil auch die Türen und Fenster eingehangen und die Toiletten eingebaut. Anfang November 1570 war das Dach des Linden- und Küchenhauses fertig, die vier Eckhäuser und die Kirche innen und außen verputzt, der Hof gepflastert.

Vom 7. Januar 1571 stammt das »Vertzaichnius, wie der Kurfürst von Sachsen die Gehörne in das Sommerhaus verordnet hat«. So war vorgesehen, hier allein 236 Jagdtrophäen aufzuhängen.

Um den 9. Januar 1571 verkündete Kurfürst August seine Erklärung, wie die Bauarbeiten fortgesetzt werden sollten. Lotter sollte die Hintergebäude im Sommer 1571 errichten. Er wollte Lehmmauern im Stallgebäude setzen lassen, weil der Transport einfacher war. Nicht nur Pferdefuhrwerke konnten den Lehm auf den Schellenberg fahren, sondern auch die Frauen und Kinder mussten ihn in Körben auf die Baustelle schleppen. In den zehn Räumen, die sich im Hintergebäude befanden, sollten die Wände aus Holz sein und mit einer steinernen Mauer verblendet werden.

Anfang Mai 1571 erfolgte die Beräumung des Linden- und Küchenhauses von Bauutensilien, und am Lindenhaus wurde die Ballustrade angebracht. Das Dach der Kirche war fertig, und der Einbau der Emporen konnte beginnen. Der Bau des Hasenhauses ging jedoch langsamer voran.

Am 8. Mai 1571 konnte Lotter auch berichten, dass im Erdgeschoss der Galerie nunmehr die Arkaden gesetzt waren. Es erscheint verwunderlich, dass zu diesem Zeitpunkt noch nicht feststand, wie Kurfürst August das Stockwerk darüber wollte, ob mit Fenstern oder nur mit Bögen.

Für die Gestaltung der Außenanlagen des Schlosses war der Verwalter des Freiberger Bergamtes Martin Planer verantwortlich. August wollte zwei verschiedene Gärten vor dem Schloss anlegen lassen, wobei auch die bereits stehende Linde in der Gestaltung ihren würdigen Platz finden sollte. Da jedoch zwischen dem Nordtor und den beiden Gärten ein großer Höhenunterschied bestand und Kurfürst August keinen Durchbruch vom Lindenhaus aus haben wollte, musste eine andere Lösung gefunden werden. In Abwesenheit Lotters fertigte Martin Planer Mitte Juni 1571 mit einigen Werkmeistern ein hölzernes Modell. Obwohl es Lotter nicht gerade gefiel, schickte er es am 14. Juli 1571 zum Kurfürsten.

Am gleichen Tag berichtete Lotter, dass das Kirchengewölbe nunmehr geschlossen sei. Am 15. August 1571 schickte Kurfürst August seinen Stallmeister Balthasar Wurm nach Augustusburg, welcher Lotter Anweisungen für die Einrichtung des Stalles geben sollte.

Mitte August 1571 waren Sommer- und Lindenhaus mit der Dachung und allen zugehörigen Dingen, auch mit der Malerei, fertig, bis auf den Saal vor dem »Frauenzimmer«, wo nur die Decke noch angeschlagen werden musste. Im Küchenhaus mangelte es dagegen im Treppenhaus am Anstrich und der Beräumung der Gemächer. Am Hasenhaus wurde noch am Dach gearbeitet, und es fehlten außerdem zwei Gewölbe und die Tünchung. In der Gale-

rie, die zwar mit dem Dach und allem Mauerwerk fertig war, musste noch innen und außen getüncht werden. Die beiden Zwischentrakte hatten bereits ein Dach erhalten, und man konnte somit von einem Eckhaus zum andern gehen. Bis Mitte August 1571 erhielten auch alle vier Eckhäuser zusammen über 100 Schornsteine. Bei den Hintergebäuden sah es anders aus. Obwohl der Dachstuhl bereits stand, fehlten noch die Dachziegel und die Bretter, um die Böden legen zu können.

Anfang Oktober standen die Hintergebäude mit den Mauern und dem Dachstuhl, auch die Einteilung der Ställe war fertig, nur noch die Nägel und Haken für die Sättel sowie das Zaumzeug fehlten. Dass Lotter zwischen dem 5. und 21. Oktober 1571 die Dachung auf allen hinteren Gebäuden errichten könne, wettete er mit dem kurfürstlichen Stallmeister Balthasar Wurm und Wolff von Kanitz um zwei Fass Wein. Bis 16. Oktober 1571 hatte er das Werk vollbracht, wollte aber keinen Gewinn, »dann ich habe allerley Vorteil gebraucht«.

Mitte Oktober waren die Räumlichkeiten, »welche das Frauenzimmer im Lindenhaus bewohnen sollte«, fertiggestellt, ebenso die Waschküche im Lindenhaus. In der großen Hofküche stand bereits ein Herd.

Während des Baugeschehens war Lotter zweimal ernsthaft erkrankt. Das erste Mal, im Juli 1569, litt er so schwer an Gelbsucht, dass sein Sohn Albrecht, der einen Leipziger Arzt auf den Schellenberg brachte, bis 6. August 1569 die Bauleitung übernehmen musste. Als Lotter im August 1570 an Schüttelfrost erkrankte, lag auch sein Assistent Erhardt von der Mehr danieder.

Eine Rechnung über die Gesamtausgaben, welche bei der Errichtung des Schlosses Augustusburg aufgewendet werden mussten, konnte bisher nicht gefunden werden. Allerdings scheint es von Beginn an finanzielle Schwierigkeiten gegeben zu haben. Als erste Geldmittel standen Lotter am 26. September 1567 2000 Gulden zur Verfügung. Allerdings forderte er bis 7. November 1567 weitere 2000 Gulden. Aber der die finanziellen Mittel bereitstellende Annaberger Zehntner erhielt erst wieder am 3. Dezember 1567 von Kurfürst August die Anordnung, weiteres Geld zur Verfügung zu stellen. Bis zu diesem Tag hatte Lotter mehrmals nachgefragt. Deshalb war er gezwungen, sich aus den Ämtern Chemnitz und Lichtenwalde Geld zu leihen.

Im Januar 1570 erfuhr Lotter, dass Kurfürst August in diesem Jahr nicht mehr als 10 000 Gulden für den Schlossbau ausgeben wollte. Davon entfielen laut eines Kostenvoranschlages allein auf die Fertigstellung des Lindenhauses 4114 Gulden, die gleiche Summe wurde auch für das Hasenhaus bewilligt. Allerdings hatte Lotter von Ende 1567 bis August 1570 allein für den Transport von Baumaterialien auf den Schellenberg eine Summe von etwa 50 000 Gulden ausgeben müssen.

Im Jahre 1571 gewährte Kurfürst August für alle noch anstehenden Bauarbeiten nur noch 25 000 Gulden, wovon 15 000 Gulden für das Kernschloss und nur 10 000 Gulden für die Hintergebäude geplant waren. Allerdings musste noch eine Vielzahl von Arbeiten ausgeführt werden, wie z. B. die Fertigstellung der Malerei, der Wasserkunst, des Brunnens, der Hintergebäude und der Grünanlagen.

Lotter ahnte, dass dieses verordnete Geld nicht ausreichen würde. Gegen den Vorwurf, in die eigene Tasche zu wirtschaften, betonte er in einem Brief vom 14. Juli 1571: »... denn Euer Churfürstliche Gnaden wissen sich zu erinnern, wie ich zu dem Bauamt gekommen bin, welches ich um der Ehre willen auf mich genommen habe und nicht darum, dass ich dabei reich werden will.«[6] Kurfürst August drohte Lotter in einem Schreiben vom 15. August 1571 große Ungnade an, wenn der Bau nicht in der festgesetzten Zeit vollständig beendet werden würde. Das Missverhältnis zwischen August und Lotter wurde immer größer. Als der Kurfürst vom 21. Oktober bis 2. November 1571 auf der Augustusburg weilte, wollte er seinen Baumeister nicht empfangen.

Mitte Dezember 1571 reiste Lotter nach Leipzig ab, um die Abschlussrechnung zu fertigen. Als er nach dem 17. Februar 1572 auf die Augustusburg kam, um mit den Handwerkern abzurechnen, wurde er vom Schösser des Amtes Schellenberg, der die Schlüssel verwahrte, nicht in die Räume eingelassen. Kurfürst August billigte dieses Verhalten, weil Lotter seine Ankunft angeblich nicht bei ihm angemeldet hatte.

Hiermit war jedoch das Kapitel Lotter und Schloss Augustusburg noch nicht beendet. Da Lotter wegen finanzieller Schwierigkeiten 1574 in Leipzig nicht nur seine Grundstücke verpfänden, sondern auch sein Haus verkaufen musste, zog er nach Geyer. In dieser Situation wollte er sein noch ausstehendes Geld, welches er zum Bau des Schlosses Augustusburg aufgewendet hatte, zurückfordern.

Als sich Kurfürst August mit seiner Familie Anfang Juni 1575 auf Schloss

Wappen über dem Hauptportal

Annaburg befand, reiste Lotter ihm dahin nach und bat um Erstattung seines ausgelegten Geldes. Da er nicht vorgelassen wurde, schrieb er einen Brief an Kurfürst August (8. Juni 1575) und zwei an die Kurfürstin (9. und 10. Juni 1575). In seinen Schreiben brachte er nochmals zum Ausdruck, dass er das Baumeisteramt wegen seines Alters und seiner Untauglichkeit eigentlich gar nicht annehmen wollte, sondern nur dem Zureden von Kurfürstin Anna gefolgt war. Für die Bauverzögerungen und die Vermehrung der Baukosten sah er zwei Gründe: Zum einen war die erste Visierung auf zehn Meter Höhe ohne Dach angeschlagen und später auf 25 Meter erhöht worden. Zum anderen verursachte der Transport der Baumaterialien die erhöhten Kosten. Wieviel eigenes Geld Lotter allerdings wirklich aufwendete, kommt in seinen Schreiben nicht zum Ausdruck. Von Kurfürst August wollte er 7 500 Gulden erstattet haben.

Der Landesherr sah diese Angelegenheit anders –, er wollte das Geld nicht an Lotter zurückzahlen. Allerdings hielt er es für angebracht, durch einige seiner Vertrauten eine Anfrage an eine nicht näher bezeichnete juristische Institution zu stellen. Auf-

fällig dabei ist, dass im gesamten Schriftwechsel der Baumeister nicht namentlich erwähnt wird. Nach Schilderung und genauer Überlegung gelangten die Juristen zu dem Schluss, dass der Baumeister die Kosten, die über der vereinbarten Summe liegen, selbst tragen müsse und der Kurfürst nicht verpflichtet sei, dieselben zu ersetzen.

Damit blieben Hieronymus Lotter seine großen finanziellen Schwierigkeiten. Er musste schließlich 1579 sein Zinnbergwerk in Geyer aufgeben. Im Alter von 83 Jahren starb er am 22. Juli 1580 in Geyer und wurde fünf Tage später in der dortigen Kirche bestattet.

Nach der Entlassung Lotters übernahm Roch Graf von Linar ab Januar 1572 die Leitung des Schlossbaues, Erhardt von der Mehr fungierte als Bauleiter vor Ort. Der 1525 in Italien geborene, in französischen und pfälzischen Diensten stehende Roch von Linar erhielt seine Bestallung am kursächsischen Hof als Oberzeug- und Baumeister 1569. Sein erster Auftrag in sächsischen Diensten bestand darin, Uferbauten in Dresden an der Elbe und der Weiseritz auszuführen. Zu seinem weiteren Aufgabengebiet gehörte die Überwachung sämtlicher landesherrlicher Bauvorhaben, so auch des Baus der Augustusburg. Dieser Aufgabe folgend, traf er sich mit dem seit 25. Januar 1572 dort anwesenden Kurfürsten August. Von Roch von Linar sind nur wenige Schriftstücke überliefert, in denen er über die Bauarbeiten auf der Augustusburg berichtet. Allerdings scheinen sich die Restarbeiten noch lange hingezogen zu haben. Es war nicht nur Lotter, der mehr Geld bei den Bauarbeiten aufwendete als vereinbart war. So hatte auch Roch von Linar im Jahre 1574 immerhin 630 Gulden mehr für den Bau ausgeben müssen als geplant.

Am 8. Februar 1572 kam Hans Irmisch, Baumeister des Freiberger Schlosses Freudenstein, nach Augustusburg, um im Auftrag Roch von Linars die Bauarbeiten voranzubringen.

Als sich Kurfürst August vom 5. bis 7. Juli 1572 abermals auf der Augustusburg aufhielt, traf er sicher mit Roch von Linar zusammen, der an diesem Tag erstmals selbst die wöchentlichen Lohnabrechnungen durchführte. Am 7. August 1572 begab er sich zur Augustusburg, da einen Tag zuvor auf dem Schloss zwischen 12 und 13 Uhr drei Blitzschläge Schäden im Hasen-, Küchen- und Lindenhaus angerichtet hatten. Am 27. August 1572 war Roch von Linar abermals vor Ort, um den Bau zu besichtigen. Von dieser Inspektion konnte er dem Kurfürsten mitteilen, dass die vier Eckhäuser, die Galerie, die Kirche, der Zeigerturm und die Ställe zum Teil eingedeckt waren. Zu jenem Zeitpunkt hatte er auch einige Wasserkästen und -tröge beim Brunnen erbauen lassen.

Aus der nunmehr nicht mehr benötigten Ziegelscheune im benachbarten Ort Grünberg wollte Roch von Linar vor dem Nordtor ein Wagen- und Kohlenhaus (das heutige »Torhaus«) fertigen lassen. Wenn es dem Ansehen des Schlosses nicht hinderlich sein würde, wollte Kurfürst August zustimmen, dass es an der Schlossauffahrt gebaut wird.

Obwohl die Ausbauarbeiten noch einige Zeit andauerten, gibt es kaum noch Nachrichten darüber. Bis 1573 konnte die Schlossbrücke fertiggestellt werden; im Spätherbst war Schloss Augustusburg bezugsfertig, so dass Kurfürst August und seine Familie sich vom Dezember 1573 bis Januar 1574 hier aufhielten. Dies war ihr einziger längerer Besuch.

Neben Hieronymus Lotter, Erhardt von der Mehr und Roch von Linar waren zu Beginn des Baues noch andere bedeutende Meister auf der Baustätte zu finden. Zu ihnen gehörte Nickel Hofmann, der als Baumeister in der Zeit von 1550 bis 1589 in Halle tätig war. Als ältester Obermeister beim Bau des Schlosses Augustusburg ist er erstmals am 20. März 1568 erwähnt. Da er sich am 27. März 1568 über die schlechte Bezahlung beschwerte und auch noch andere Handwerker aufhetzte, erhielt er bereits drei Tage später seinen Abschied. Neben Nickel Hofmann ist als zweiter Obermeister Paul Wiedemann seit Januar 1568 aus Leipzig zu finden. Er war seit 1557 als Meister und künstlerischer Leiter am Bau des Leipziger Rathauses beschäftigt. Von 1558 bis 1568 erhielt er eine Bestallung als Ratsmaurer der Stadt Leipzig. Sicher hat Lotter ihn bedrängt, mit ihm nach Schellenberg zu gehen.

Als Steinmetzmeister arbeitete seit dem 26. Januar 1572 Nickel Gromann d. J. am Schlossbau der Augustusburg. Er war der Sohn von Nickolaus Gromann d. Ä., einem der bekanntesten sächsischen Baumeister, der seit 1543 beim Bau des Schlosses Hartenfels in Torgau und von 1562 bis 1564 beim Bau des Rathauses von Altenburg mitwirkte. Von Nickel Gromann d. J. könnten die Figuren am Kamin im Saal des ersten Obergeschosses des Lindenhauses stammen. Es ist der einzige Kamin im ge-

Torhaus mit Schlossbrücke

samten Schloss, der mit vollplastischen Figuren versehen ist.

Das gewaltige Bauunternehmen »Schloss Augustusburg« nahm viele Handwerker verschiedenster Gewerke in Anspruch. Anfang April 1568 meldeten sich 70 Maurer. In der Lohnrechnung vom 24. April 1568 wurden bereits 586 Personen genannt, die auf der Baustelle arbeiteten. Dazu gehörten neben Erhardt von der Mehr zwei Ober-

meister, ein Bauschreiber, zwei Poliere, drei Steinmetzen, 190 Maurer, zehn Amtspersonen, drei Rüstmeister, 368 Handarbeiter und Helfer, drei Zimmerleute und ein Steckenknecht sowie noch weitere Personen, die an einem bestimmten Auftrag arbeiteten.

Am 5. Mai 1568 waren es bereits 232 Maurer, 120 Helferknechte, 84 Kalkjungen, 30 Kalkstößer, 63 Kalkführer, 52 Kalkset-

Schlosskerker

zer, 232 Handarbeiter, zehn Rüstmeister, sechs Arbeiter für die Wasserkunst, zwei Karnflicker, ein Kalkmesser, ein Barbier, zwei Steinvögte, sechs Mann, die Steinwerk luden und heranschafften, sechs Zimmerleute, die Böcke herstellten, zehn Arbeiter am Brunnenbau, ein Steckenknecht, daneben Steinmetzen, Steinbrecher, Maurer, die am Ziegelofen arbeiteten, Zimmerleute, die das Holz in den Wäldern bearbeiteten, so »das also diese wochen bies in Taussendt Personn gefordert werdenn«[7].

Für die Transportarbeiten waren hauptsächlich die Untertanen der umliegenden kursächsischen Ämter verantwortlich. Jedoch sollten während der Erntezeit wenig Fuhren von den Fronarbeitern gefordert werden. Aus diesem Grunde traten bald Schwierigkeiten auf. Im Juli 1568 konnte nur noch mit 91 Maurern gearbeitet werden, da der Steintransport nicht zügig voranging. Deshalb musste Lotter oft auf gemietete Fuhrwerke oder auf die vom Kurfürsten August gestellten Gefährte zurückgreifen, obwohl diese, wie schon gesagt, erhebliche Kosten verursachten.

Mitte April 1569 begann Lotter zusammen mit 53 Maurern wieder mit den Arbeiten. Da allerdings noch Ende April 1569 jeden Tag Schnee fiel und über Nacht Frost einsetzte, kamen die Handwerker zunächst nur sehr spärlich, auch brachte das über den Sommer andauernde unbeständige Wetter das Baugeschehen wenig voran. Am 30. November 1570 waren noch 53 Personen beschäftigt.

Andere mussten beim Schlossbau Strafarbeit verrichten. So bestimmte Kurfürst

Fabelwesen. Detail des Nordportales

August am 9. Dezember 1567 gefangene Wilddiebe dazu, die vorwiegend beim Bau des Brunnens eingesetzt wurden. Wahrscheinlich bewährte sich diese Vorgehensweise jedoch nicht.

Die Unmenge von Menschen und der ewig drängelnde und knausrige Kurfürst August brachten es mit sich, dass unter den Handwerkern Unzufriedenheiten entstanden, die in Meutereien und Empörungen gipfelten. Wahrscheinlich war dies auf Baustellen nichts Ungewöhnliches, denn in der am 8. September 1567 erlassenen Instruktion wurde auch das Anlegen von Gefängnissen bedacht – eine notwendige Einrichtung, die auch während des Baugeschehens auf der Augustusburg mehrmals genutzt werden musste. Überliefert sind sechs Meutereien bzw. Empörungen, hauptsächlich wegen des geringen Lohnes.

Folgende Doppelseite: Augustusburg, Schlossanlage

Nordansicht des Schlosses, Zustand um 1572

Baubeschreibung

Schloss Augustusburg zeigt eine für Sachsen einzigartige und außergewöhnliche Baugestalt und ist zugleich frühester und konsequentester Vierflügelbau im Heiligen Römischen Reich deutscher Nation. Die Anlage besteht aus dem quadratischen Grundriss eines um den Hof herum angelegten Kernschlosses, wobei die Idealfigur einer quadratischen Bauanlage mit kreuzförmigem Zentrum (crux quadrata) entsteht. Die gleiche Form liegt dem Kernbau des französischen Schlosses Chambord zugrunde. Als vollständiger Neubau in allseitig freier Lage, der zudem nicht für den ständigen, sondern nur zeitweiligen Aufenthalt gedacht war, übertrifft die Augustusburg das Dresdner Schloss in kompositioneller Regelmäßigkeit und Klarheit. Doch auch hier legte Kurfürst August auf eine rationale und sparsame architektonische Formensprache grundsätzlich Wert. Der Bauschmuck reduziert sich bei der Augustusburg auf Giebel und Portale sowie die Ausformung majestätisch anmutender, jedoch schmuckarmer Fassaden.

Das Schloss wird im Süden durch die Wirtschaftsgebäude begrenzt. Letztere liegen hinter dem Kernschloss und umzäunten ursprünglich drei Seiten eines zweiten, rechteckigen Hofes. Heute sind nur noch

Grundriss des Schlosses, Zustand 17. Jh.

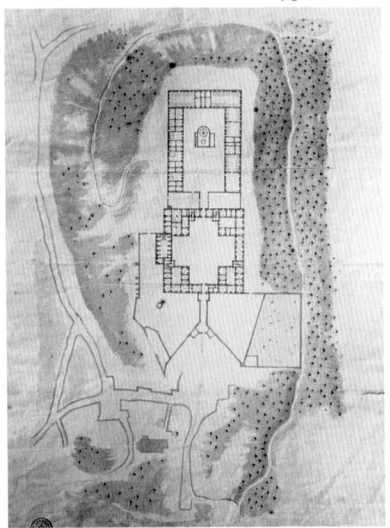

Baugeschichte des Schlosses

Schloss Augustusburg. Zeichnung von Wilhelm Dilich, um 1628

die beiden Längsseiten vorhanden. Im Norden befindet sich das vorgelagerte Torhaus, an welches sich eine gemauerte Umfriedung anschließt, die das Kernschloss umgibt.

Das Kernschloss selbst besteht aus vier selbständigen quadratischen Eckgebäuden, welche durch die auf der Stadtseite risalitartig vorspringende Schlosskirche und drei weitere Zwischenflügel geringerer Tiefe verbunden sind. Die Gestaltung der steilen Dächer der Eckhäuser mit hohen Schornsteinen und die Balustrade in Höhe der heutigen Trauflinie haben sicher ihr Vorbild im französischen Schloss Chambord gehabt. Diese Details gingen spätestens mit dem Umbau um 1800 verloren.

Auf der Hofseite sind die Schlossgebäude zweigeschossig. Die Außenseite erhebt sich zudem auf hohen Unterbauten, in denen sich die Kellerräume befinden. Da plastischer Schmuck den Fassaden fehlt, werden diese nur durch die typisch profilierten Rechteckfenster der Renaissance belebt, welche sehr klein, unregelmäßig und gekuppelt angeordnet sind.

Das Nordportal bildet mit dem gegenüberliegenden Südportal die mittlere Achse des Schlosses. Dem Nordportal als Hauptzugang war ein Triumphbogen vorgelagert. Allein durch den plastischen Schmuck im Scheitel und die beiden flankierenden Türen mit grotesken Mischwesen hebt sich dieses Tor deutlich heraus. Die eingetieften Felder zwischen den Pilastern der Attikazone besaßen einst Kartuschen mit Rollwerk, wobei die mittlere dieser Kartuschen zudem eine lateinische Inschrift trug. Der Aufsatz des Triumphbogens wurde an den Seiten von Beschlagwerkornamenten mit Voluten gerahmt, der mittlere Teil bestand aus einem Fenster mit einem Dreiecksgiebel. Abschluss des Ganzen bildete ein baldachinartiger kleiner Turm, der so genannte Trompeterstuhl. Die hofseitige Entsprechung zum äußeren Portal fällt kleiner aus – ohnehin fehlen die zwei Seitentüren gänzlich –: zwei dorische Säulen mit Gebälk und Frontispiz.

Der südliche Torbau unterlag einer weiteren Variation des bereits genannten. Die Hofseite wurde in dorischen Formen (Pilastern) gestaltet, die Außenseite toskanisch (Halbsäulen), einschließlich der Rustizierung.

Baubeschreibung

Stube im Hasenhaus mit rekonstruierter Trophäenausstattung

Die Räumlichkeiten

Die Einrichtung der Räume war dem Zeitstil entsprechend glänzend und reich, kann jedoch nicht mit barocker Prachtentfaltung verglichen werden. Vielmehr stellt sie eine Verbindung von Zweckmäßigkeit und bescheidenem Aufwand dar. Das dekorative Gesamtbild des Schlosses wurde geprägt durch die in fast allen Räumen dominierende Ausstattung mit Geweihen und Gehörnen, welche vorwiegend auf geschnitzten Tierköpfen und Schilden befestigt waren.

So befanden sich 1576 mehr als 2000 Trophäen von Rehen, Hirschen, Elchen, Dammhirschen, Rentieren und Steinböcken an den Wänden, wobei die Rehe und Hirsche dominierten. Mit diesen sollte nicht nur der Charakter des Schlosses als Jagdsitz demonstriert, sondern hauptsächlich die Jagderfolge Kurfürst Augusts dargestellt werden.

Der überwiegende Teil des Schlosses wurde durch so genannte Wohnappartements ausgefüllt, welche aus einer Stube mit anschließender Schlafkammer bestanden. Dieses Raumprogramm wurde durch eine Tafelstube, einen großen Saal sowie den Fürstensaal, die Schlosskirche und verschiedene untergeordnete Wirtschaftsräume ergänzt.

Das Prinzip der Raumvergabe richtete sich nach der Zusammensetzung des kurfürstlichen Hofes in der frühen Neuzeit. So bestand der Hof des sächsischen Kurfürsten aus zwei Personengruppen, welche verschiedenartige Funktionen innehatten, allerdings häufig in Personalunion. Der so genannte Hofstaat war mit der persönlichen Betreuung des Fürsten und seiner Familie betraut. Die zweite Gruppe agierte in den Staatsorganen. Das Gefolge von Kurfürst und Kurfürstin sowie der Prinzen und Prinzessinnen bewohnte eigene, voneinander getrennte Bereiche.

Baugeschichte des Schlosses

Im Erdgeschoss des Lindenhauses befanden sich der persönliche Wohn- und Schlafbereich des Kurfürsten und der Kurfürstin, ein Gemach für den Hofmarschall und sogar des »Jungen Herren Hertzogk Christiani Studirstubenn«.

Neben seinem persönlichen Gemach verfügte Kurfürst August über einen Raum, in dem er Drechselwerkzeuge aufbewahrte, um bei sich bietender Gelegenheit seinem Hobby nachgehen zu können. Unter seinen Nachfolgern gelangten diese Werkzeuge in eine Eckstube in der zweiten Etage des Hasenhauses. Davon war allerdings Anfang des 18. Jahrhunderts nicht mehr viel zu sehen, die Gegenstände kamen nach Dresden in die Kunstkammer.

Zu seinem »Kirchstüblein«, einer Herrschaftsempore, die durch ein Fenster mit der Kirche verbunden war, konnte Kurfürst August durch einen eigenen Zugang von seinen Gemächern aus gelangen.

Das Streben nach hohem Wohnkomfort und »bequemigkeit« verdeutlichen auch die zwei großen Badestuben mit Warm- und Kaltwasserversorgung für den Kurfürsten und die Kurfürstin. So besaß die Badestube des Kurfürsten »eine Fontaine, in welche man auf 3 Stufen hinunter steigen kann, darein man durch 2 bleyerne Röhren Warm und Kalt Waßer hat laßen komen«[8].

Das erste Obergeschoss des Lindenhauses war speziell den kurfürstlichen Kindern vorbehalten, darauf verweist nicht nur die entsprechende Ausmalung mit spielenden Affen oder Gemsen. In der Gemsenstube waren z. B. an den Fenstern Statur und Größe zweier kurfürstlicher Kinder zu dem Zeitpunkt angezeichnet, als sie das erste Mal auf der Augustusburg weilten: die von Herzog Moritz aus dem Jahre 1625 und die von Erdmuth Sophie aus dem Jahre 1651; das gleiche in der Affenstube an der Tür angezeichnet: die von Magdalena Sybilla und die des späteren Kurfürsten Johann Georg III. aus dem Jahre 1625, als sie auf dem Schloss weilten.

Im zweiten Obergeschoss des Lindenhauses war das »Frauenzimmer« untergebracht, welches innerhalb des kurfürstlichen Hofes einen abgeschlossenen Organismus bildete und dementsprechend auch ein abgeschlossenes Raumsystem besaß. Zu dem »Frauenzimmer« gehörten neben der persönlichen Dienerschaft der Kurfürstin die Hofdamen. Zu ihnen zählten die Hofmeisterin, Frauen für die Kindererziehung, eine Amme mit Knecht und Kindermägden. Hinzu kamen ein Kindermeister, eine Reihe von Junkern und Knechten, darunter zwei Türknechte. Gelegentlich sind auch Bettdiener, Kämmerer und Wagenknechte sowie Stubenheizer und eine Köchin zu finden. Zu den Räumlichkeiten des »Frauenzimmers« gehörte auch eine Küche, denn die Speisen für diesen Teil des Hofes wurden separat zubereitet. Im rotgrünen Gemach, das wegen der gemalten Vögel auch die »Turteltaubenstube« genannt wird, befand sich das »Frauenzimmer« der Kurfürstin Anna.

Die Festbereiche innerhalb des Schlosses lagen im zweiten Obergeschoss. Es ist anzunehmen, dass sich aus diesem Grund auf diesem Niveau an der Außenseite die Galerie befand. Auf diese Weise war es möglich, die vier Eckhäuser und ihre Säle zu erreichen, ohne über den Innenhof gehen zu müssen. Im Lindenhaus lag der

Kaisersaal, welcher für offizielle Empfänge diente. Über die Ballustrade gelangte man vom Kaisersaal in den Tanzsaal des Sommerhauses, von diesem in den Venussaal des Hasenhauses, dessen Art der Nutzung allerdings nicht überliefert ist.

Einzigartig verweist Kurfürst August im Schloss Augustusburg auf die Stützen seiner Macht: die Kirche und die Geschichtlichkeit in Form der Genealogie seines Hauses. Der Gegensatz zwischen sakraler und weltlicher Repräsentation wird allerdings besonders in der Gegenüberstellung beider Bereiche im Schloss Augustusburg deutlich. Im Osten der Anlage befindet sich die Schlosskirche, im Westen gegenüber, als Verbindungsglied zwischen Sommer- und Hasenhaus, der Fürstensaal, auch Stammstube genannt.

Für die Versorgung des kurfürstlichen Hofes gab es ein eigenes Gebäude: das nach dieser Funktion benannte Küchenhaus. In der Hofstube speiste der Kurfürst mit seinem Gefolge und den Jagdgästen an 26 Tischen mit zehn langen Bänken. Der runde Fürstentisch mit zwölf Hockern war speziell dem Kurfürsten und seiner Familie vorbehalten.

In der Großen Küche und Bratküche stellten die Mundköche, Ritterköche und Bratenmeister die Speisen für die kurfürstliche Tafel her. Noch heute zeugen zwei große Kaminhauben der Herde im Küchenhaus davon.

Die Aufsicht über die Hofküche führte der Küchenmeister, welcher einen eigenen Raum, die Küchenstube, besaß. Zu seinem Aufgabenbereich gehörte der Einkauf und die Bevorratung für die Küche sowie die Entlohnung der Küchenbediensteten. Ihm

zur Seite stand ein Küchenschreiber, der u. a. den Verbrauch der Küche verzeichnete, die Rechnungsführung und die Bestallung der Köche, der untergeordneten Küchenbediensteten, wie z. B. der Bratenwender, sowie verschiedener Knechte und Holzhauer erledigte.

Da besondere Gewürze verschlossen wurden, gab es im Küchenhaus auch eine Salzkammer und eine Essigstube. In der Silberkammer verwahrte man wertvolle Dinge des Hofes. Im 16. Jahrhundert verstand man darunter Tuche, Teppiche, Polster, Kleinodien und das Silbergeschirr. Die Hofschneider besaßen in diesem Haus ihre Schneiderstube, und auch zur Verwahrung des Kerzenlichtes gab es einen eigenen Raum.

Zur Unterbringung und Versorgung von 140 Pferden nutzte man vier Ställe in zwei Stallgebäuden mit den hierzu gehörigen Bodenräumen für die Lagerung von Heu und Hafer. In den Stuben und Kammern

Boden im Stallgebäude

Baugeschichte des Schlosses

waren der Stallmeister und der Stallschreiber mit seinen Knechten untergebracht.

Auch das Backhaus mit einer Backstube, einer Mehlkammer und einer Holzkammer befand sich in den Wirtschaftsgebäuden. Das Kohlen- und Wagenhaus stand vor dem Nordtor des Schlosses.

Instandsetzungen späterer Jahre

Durch die exponierte Lage des Schlosses traten bald Schäden an der Bausubstanz auf. Obwohl Lotter für eine Eindeckung mit Ziegeln plädierte, gab es drei Jahre später schon erste Schwierigkeiten damit. So klagte am 27. Januar 1575 der Schösser des Amtes Schellenberg, dass die Dachung keinen Bestand habe und bisher durchgeführte Reparaturen nur Flickwerk wären. Deshalb äußerte Kurfürst August bereits zu diesem Zeitpunkt die Absicht, das Kernschloss in Schiefer umzudecken. Die Arbeiten sollten noch im Frühjahr 1575 beginnen. Wahrscheinlich kam die Umdeckung, für die man 200 Tonnen Schiefer benötigte, erst 1579 zustande. Bis zum 30. April 1581 war die Umdeckung des Kernschlosses bereits vollendet, obwohl ein Hagelwetter am neuen Schieferdach zwischendurch erneut Zerstörungen angerichtet hatte.

Bereits im Juli 1581 zeigten sich in einigen Räumen Schäden an der Malerei. Am 2. September 1588 erging von Kurfürst Christian (1586–1591) die Anordnung, einige gravierende Schäden am Mauerwerk des Schlosses, an der Dachung und den Ställen zu beseitigen.

Vom Juli 1596 datiert eine Aufstellung, »das nottwendigste auffs neue zu mahlen

vnd zu Rönafiren [= renovieren – d. V.]«. Die Arbeiten sollte der aus Freiberg stammende Maler Hans Richter übernehmen, der bereits unter Heinrich Göding als Geselle an der Ausmalung der Räumlichkeiten beteiligt gewesen war. Das Verzeichnis beschreibt detailliert, an welchen Stellen Mängel auftraten und was zu restaurieren sei. Zwei Jahre später waren diese Defekte noch nicht behoben, der Kostenanschlag musste nochmals eingereicht werden.

1598 zeigten sich Schäden an der Brücke, am Wagenhaus und an der Treppe vor dem Nordtor hinab zur Linde. Im Hinterhof mussten die beiden 21 Meter langen und sechs Meter hohen Seitenmauern komplett erneuert werden, auch die Ziegeldeckung der Hintergebäude war baufällig. Das Inventar im Schloss bedurfte einer Instandsetzung und Ergänzung.

Die Ausbesserung der Malerei musste weiterhin warten. So sind im Kostenanschlag von 1601 alle Posten nochmals aufgeführt. Außerdem ist die Mängelliste noch durch weitere, in der Zwischenzeit aufgetretene Zerstörungen ergänzt worden. Während für die Renovierung der Malerei 1596 und 1598 knapp 300 Gulden hätten aufgewendet werden müssen, waren es 1601 bereits über 700 Gulden.

Die nächste Nachricht stammt vom Dezember 1660. Am 9. Dezember richtete ein Sturm Schäden am Schiefer- und Ziegeldach an, die Fenster der Kirche und der Gemächer waren größtenteils kaputt, so dass einige neu angefertigt werden mussten. Eine größere Reparatur begann jedoch erst Jahre später.

Nachdem Kurfürst Johann Georg II. (1656–1680) am 20. August 1667 selbst auf

Ansicht von Osten und N-S-Schnitt, vermutlich Matthäus Daniel Pöppelmann, Anfang 18. Jh.

dem Schloss Augustusburg weilte, ordnete er eine Renovierung und Reparatur an, da »das Seculum der Hundert Jahr« der Errichtung des Schlosses bevorstehe. Noch 1667 begannen die Arbeiten. Die Ausbesserungen der Malerei und des Mauerwerkes zogen sich bis 1668 hin und betrafen hauptsächlich das Lindenhaus.

Als drei Jahre später, am 8. Juni 1670, Kurfürst Johann Georg II. sich abermals auf der Augustusburg aufhielt, wurde während seiner Anwesenheit das Blei auf der Galerie abgenommen, um die steinernen Platten ausbessern und erneuern zu können. Das Metall wurde teilweise eingeschmolzen und an das Hauptzeughaus in Dresden und das Schloss Freudenstein in Freiberg geliefert. Es sollte so lange an beiden Stellen verwahrt bleiben, bis die Erneuerung des Umgangs abgeschlossen sei. Dazu kam es aber nie, obwohl bis 1671 daran gearbeitet wurde.

Umbau und Wiederherstellung 1797 bis 1801 (Nina Krüger)

Im Verlauf des 18. Jahrhunderts mehrten sich die Klagen über den Verfall des Schlosses. So befand sich die Galerie in einem sehr schlechten Zustand. Durch die erfolgte Abnahme der Bleiplatten war sie der Verwitterung ausgesetzt, wodurch schließlich an vielen Stellen Regen- und Tauwasser in die Gebäudemauern eindringen und erheblichen Schaden anrichten konnten. Der Besuch des Schlosses gestaltete sich zu einem gefährlichen Unterfangen. Aus dem Jahre 1750 wird beispielsweise berichtet, dass täglich Steine, ja sogar ganze Mauerstücke von solcher Größe, dass sie Menschen und Tiere erschlagen könnten, am Eingang des Schlosses herabfielen.

Auch das Dach konnte der Witterung nicht trotzen und erlitt erhebliche Beschädigungen. So wurde in der Nacht des

Baugeschichte des Schlosses

17. Dezembers 1752 durch ein Unwetter ein Teil des Daches heruntergerissen. Durch Notreparaturen konnte dem eindringenden Regenwasser vorerst Einhalt geboten werden. Doch die Schäden mehrten sich. Mit »Flickschusterei« kam man auf Dauer nicht weiter. Kaum war ein Schaden behoben, trat an anderer Stelle ein größerer auf.

Unter dem Datum des 12. November 1782 findet sich in den Bauakten des Schlosses Augustusburg ein Kostenanschlag für eine umfassende Reparatur des Schlossdaches. In diesem Schreiben veranschlagte der Oberlandfeldmesser und Landbauschreiber Christian Adolph Franke die Gesamtkosten für eine vollständige Dachreparatur auf 4138 Taler 22 Groschen und zwei Pfen-

nige sowie 3806 Ellen Holz. Diese Kosten wurden vom kurfürstlichen Geheimen Finanzkollegium für zu hoch befunden. Es ordnete an, nur die Schlosskirche und die Wirtschaftsgebäude des Schlosses, die als Beamtenwohnung dienten, weiter zu unterhalten. Die Reparatur des übrigen Schlosses wurde auf ungewisse Zeit verschoben.

Doch Franke ließ nicht locker. Im Februar 1791 machte er in einem weiteren Schreiben an den Kurfürsten Friedrich August III. (1768–1806) erneut eindringlich auf den Verfall des Schlosses aufmerksam. Dabei verwies er auf einen Besuch Friedrich Augusts III. im Jahre 1777 auf der Augustusburg. Damals war der Kurfürst selbst der Erhaltung des Schlosses zugeneigt

Schloss und Wirtschaftshof, Ende 18. Jh.

gewesen. Seinem Schreiben legte Franke vier Baupläne bei. Der erste Bauplan zeigt den Grundriss des Schlosses, wie er sich heute noch darbietet, der zweite zeigt die Form des Schlosses, wenn das Küchenhaus und das Hasenhaus abgetragen werden. Der dritte Vorschlag Frankes verhieß dem alten Gemäuer eine traurige Zukunft. Er sah vor, dass nur das Verbindungsgebäude zwischen Hasen- und Küchenhaus, die Kirche und das Lindenhaus stehen bleiben und alle anderen Gebäude abgerissen werden. Auf diese Weise könnten nach Meinung Frankes zwar in der Folgezeit Baukosten eingespart werden, aber die Ansicht des Schlosses würde dadurch sehr verunstaltet.

Das Geheime Finanzkollegium war der Ansicht, dass das Schloss Augustusburg für den Kurfürsten keinerlei ökonomischen Nutzen aufweist und dass man es aus diesem Grunde getrost abtragen könne. Nur die Wirtschaftsgebäude und die Kirche sollten stehen bleiben. Einige Beamte erinnerten sich aber an den bedeutenden Anlass, aus welchem Kurfürst August einst das Schloss errichten ließ. Vorsichtshalber überließ man daher die endgültige Entscheidung über das Schicksal des Schlosses dem Kurfürsten. Allerdings scheint er in dieser Angelegenheit nicht sehr entscheidungsfreudig gewesen zu sein, denn für die folgende Zeit finden sich in den Akten keine Eintragungen.

Erst im März des Jahres 1797 setzt der Schriftwechsel über das Schloss wieder ein. Der Rentamtverwalter von Augustusburg, Gotthold Christian Kaden, macht, wie schon zahlreiche andere Personen vor ihm, auf den schlechten Zustand des Schlosses

aufmerksam. Beim Betreten des Schlosses bestehe Lebensgefahr, da die Dielung und die Decken verfault sind. Der Zugang zur Justiz- und Rentamtsstube, die im Wirtschaftshof untergebracht war, sowie zur Kirche, in der für die Bevölkerung der umliegenden Ortschaften der sonn- und feiertägliche Gottesdienst stattfand, sei in Anbetracht des drohenden Einsturzes sehr gefährlich.

Nun endlich begann man in Dresden zu handeln. Das Geheime Finanzkollegium reagierte auf das ewige Klagen und schickte den Landbauschreiber Samuel Rößler zur Bestandsaufnahme nach Augustusburg. In seinem Bericht schlug Rößler die Abtragung der vier Eckgebäude, der Balustrade und des daraufliegenden Brustgesimses vor. Außerdem sollten die kupfernen Dachrinnen und deren Eisenbefestigungen entfernt werden, um Verlust durch Diebstahl vorzubeugen. Darüber hinaus machte er den Vorschlag, die Eisenbeschläge der Türen, die 41 großen Kamine, die acht eisernen Öfen, die zwölf eisernen Fenstergitter in der dritten Etage und die in der Mitte von 80 Fenstern befestigten starken Eisenstäbe zu entfernen und an einen sicheren Ort zu bringen. Die am besten erhaltenen Öfen könnten zur Ausstattung anderer kurfürstlicher Gebäude genutzt, die übrigen Materialien aber gewinnbringend versteigert werden. Die Baumaterialien (Holz, Stein usw.), die man durch das Abtragen der vier Eckgebäude gewinnen würde, sollten ebenfalls verkauft werden. Bis dahin könnte man sie in den stehenbleibenden Schlossgebäuden, die nach Meinung Rößlers nur geringfügig zu reparieren sind, trocken aufbewahren. Des weiteren müsste man Vorkehrungen treffen, dass der Zugang zu den Amtsräumen gefahrlos gewährleistet ist. Auf Anraten Rößlers ließ das Geheime Finanzkollegium daher das »Fronton«, womit der Dreiecksgiebel über dem hinteren Schlosstor gemeint ist, abtragen.

Bevor der Kurfürst eine endgültige Entscheidung über das Schicksal des Schlosses treffen wollte, schickte er den Hofbaumeister Weinlig nach Augustusburg. Der damals achtundfünfzigjährige Christian Traugott Weinlig wirkte bereits in seinen Jugendjahren unter dem Oberlandbaumeister Johann Heinrich Schwarze, einem Schüler Longuelunes, an der Neueinrichtung der königlichen Zimmer im Residenzschloss in Dresden und an der Vollendung des Taschenbergpalais mit. Im Mai 1766 begab er sich auf eine dreijährige Studienreise nach Paris und Rom, auf der er unter anderen Winckelmann kennenlernte. Zurück in Dresden, war er 1773 zum Oberbaukommissar und Oberbauamtszahlmeister und 1793 schließlich zum Hofbaumeister ernannt worden. In den Jahren 1794/95 baute er den vierten Flügel des kurfürstlichen Stallgebäudes in Dresden und das Reithaus, das im Zweiten Weltkrieg aber leider zerstört wurde.

Weinlig begab sich also auf Wunsch des Kurfürsten am 4. November 1797 nach Augustusburg und untersuchte zusammen mit dem dort ansässigen Maurer- und Zimmermeister die Schlossgebäude. Er stellte fest, dass sich das Mauerwerk noch in einem guten Zustand befand und dass die Schäden an den Gewölben, die durch die von oben eindringende Feuchtigkeit entstanden waren, sobald ihre Ursache beseitigt ist, mit

geringen Kosten behoben werden könnten. Desweiteren bemerkte er, dass der Grund für die entstandenen Schäden in der bestehenden Anlage und Bauart der Dächer zu suchen sei. Durch die Erker entstehen Hohlkehlen auf den Dächern der Eckgebäude, in denen sich Regen- und Tauwasser sammeln. Dieser massive Einfluss von Witterungsbedingungen wirkt sich nachteilig auf die Haltbarkeit der Dächer aus.

Die Hohlkehlen waren ursprünglich mit Kupfer ausgeschlagen gewesen, das aber vor allem auf dem Hasenhaus und dem Küchenhaus durch heftige Stürme verschoben und stückchenweise heruntergerissen wurde. Daher wiesen diese beiden Gebäude besonders große Schäden auf. Sie bedurften einer baldigen Reparatur, wenn sie erhalten werden sollten.

In einem weniger schadhaften Zustand befanden sich die Dächer des Linden- und des Sommerhauses. Das Dach der Schlosskirche hatte man bereits 1751 vollständig repariert.

In Bezug auf die Seitengebäude stimmte Weinlig dem Vorschlag Rößlers zu. Die Dächer auf den Seitengebäuden sollten über die Galerie vorgezogen werden, um somit der Verwitterung des Steins vorzubeugen.

Doch dabei ließ es der Hofbaumeister nicht bewenden, er unterbreitete dem Kurfürsten den Vorschlag, die vier Eckgebäude mit einer anderen, »leichteren« Dachkonstruktion zu versehen. Denn die bisherige verlange seiner Meinung nach eine ständige und somit auch kostspielige Unterhaltung. Da die Säle unter dem Dach nicht mehr genutzt wurden, waren die Erker nutzlos. Aus diesem Grund schlug Weinlig

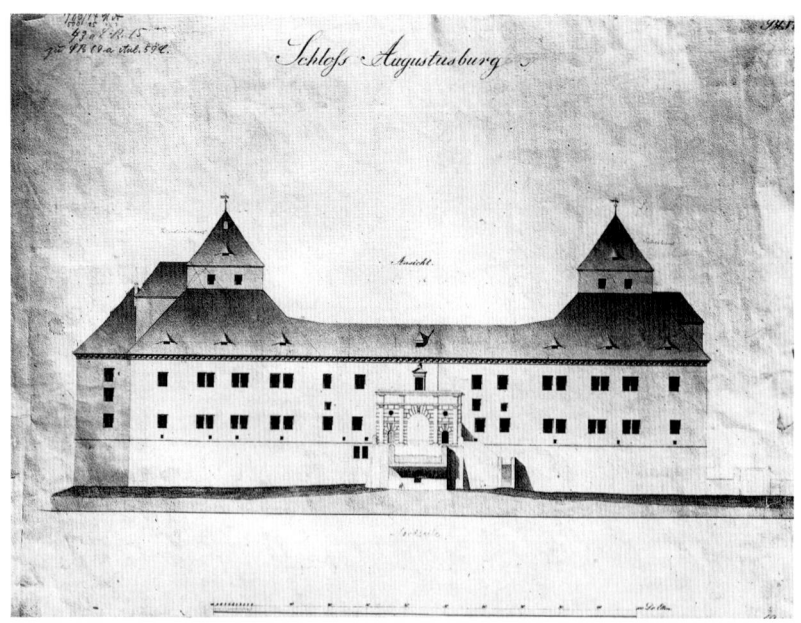

Nordansicht des Schlosses. Vorschlag zur Vereinfachung der Dachzone, wohl von Christian Traugott Weinling, Ende 18. Jh.

vor, diese abzutragen, das Dach zu begradigen und ebenfalls über die Galerien vorzuziehen. Für das Lindenhaus allerdings würde der Umbau aufgrund der abweichenden Dachkonstruktion aufwendiger sein. Wollte man dieses Haus den anderen Häusern gleich gestalten, musste das ganze Dach und ein erheblicher Teil des Mauerwerks abgetragen und ein Pavillon aufgemauert werden.

Allerdings ließen sich einige Hohlkehlen, und zwar an den Stellen, wo die Eckgebäude mit den Seitengebäuden zusammenstoßen, auch bei dieser Dachkonstruktion

nicht vermeiden. Sie sollte man mit den Kupferblechen, die durch die abzunehmenden kupfernen Dachrinnen gewonnen wurden, ausschlagen.

Die Kosten für den Umbau, die benötigte Menge Holz nicht mitgerechnet, wurden auf 5 834 Thaler 14 Groschen und vier Pfennige veranschlagt. Daneben sollten das Holz und die Baumaterialien, die von einem vor einigen Jahren abgetragenen Hintergebäude im Wirtschaftshof noch vorhanden waren, mit verwendet werden. Außerdem benötigte man noch 152 Taler 20 Groschen und drei Pfennige für die

Baugeschichte des Schlosses

Abtragung der Balustraden, das Abnehmen der kupfernen Dachrinnen, der eisernen Kamine, Öfen und des übrigen, sich am Schloss befindlichen Eisenwerks.

Am 6. Oktober 1798 schließlich erging der Beschluss des Kurfürsten, das Schloss Augustusburg nach den Plänen Weinligs innerhalb von zwei Jahren umzubauen. Weinlig wurde mit der »Local-Aufsicht« über den Schlossbau betraut. An der Ausführung des Baus waren Handwerksmeister aus der näheren Umgebung beteiligt: der Amtszimmermeister Irmscher, der Amtsmaurermeister Lange und der Schieferdecker Schneider aus Schneeberg. Noch Ende 1798 begannen die Arbeiten. Im Durchschnitt arbeiteten zwei Schieferdecker, zwei Maurer und sieben Zimmerleute am Schloss. Die Bevölkerung des Amtes Augustusburg musste Frondienste leisten, die vor allem im Transport von Baumaterialien bestanden.

Im Juni 1799 war bereits die Hälfte des benötigten Holzes herangeschafft und mit dem Abtragen der Erker begonnen worden. Dabei offenbarte sich, dass die Dachstühle auf den Eckgebäuden vollkommen verfault waren und erneuert werden mussten. Damit der Holzverbrauch nicht allzusehr stieg, schlug Weinlig vor, die Dachstühle aus zusammengenagelten bogenförmigen Pfosten und Brettern zu fertigen. Dazu konnte ein beträchtlicher Teil des alten abgetragenen Holzes, wie z. B. Dielenbretter und Schalungsbretter, genutzt werden. Doch schon bald stellte man fest, dass auch die Bretter der Schalung morsch waren und nicht für die Anfertigung des neuen Dachstuhles Verwendung finden konnten. Die Kosten für den Bau stiegen. Neue, revidierte Kostenanschläge blieben nicht aus.

Mitten im Baugeschehen starb am 25. November 1799 der mittlerweile zum Oberhofbaumeister ernannte Christian Traugott Weinlig. Die Betreuung des Baus wurde nun dem Amtsrentverwalter Kaden übertragen, der schon in der vergangenen Zeit während der Abwesenheit von Weinlig den Bau beaufsichtigt hatte. Am 2. Dezember 1799 teilte er dem Kurfürsten mit, dass neben dem Holz auch die veranschlagte Menge Dachschiefer nicht ausreiche und auch hier mit höheren Kosten zu rechnen wäre. Ursprünglich wollte man den alten Schiefer für die Neudeckung des Daches zu einem großen Teil mit verwenden, da er bei der Besichtigung noch gut erschien. Bei der Abnahme und Reinigung des Schiefers mussten die Handwerker aber feststellen, dass derselbe spröde und beim Abnehmen zum großen Teil zerbrochen war.

Die Suche nach Schieferbrüchen in der Umgebung von Augustusburg begann. So bewegte der Rentamtverwalter Kaden verschiedene Personen dazu, auf potentielle Abbaumöglichkeiten zu bauen. Auf diese Weise konnte ein Schieferbruch bei dem Dorf Euba, ein weiterer bei Kunnersdorf und ein dritter im nahegelegenen Falkenau angelegt werden.

Aufgrund der von Weinlig und Kaden eingereichten Nachbesserungen des Kostenvoranschlages für den Schlossbau wurde im Juli 1800 der Landbaukommissar Wilhelm Traugott Verlohren nach Augustusburg geschickt. Er stellte fest, dass die im Nachhinein festgestellten Schäden bei der Erstellung des ersten Kostenvoranschlages nicht hätten wahrgenommen werden können und die Nachbesserungen daher in vollem Umfang gerechtfertigt sind.

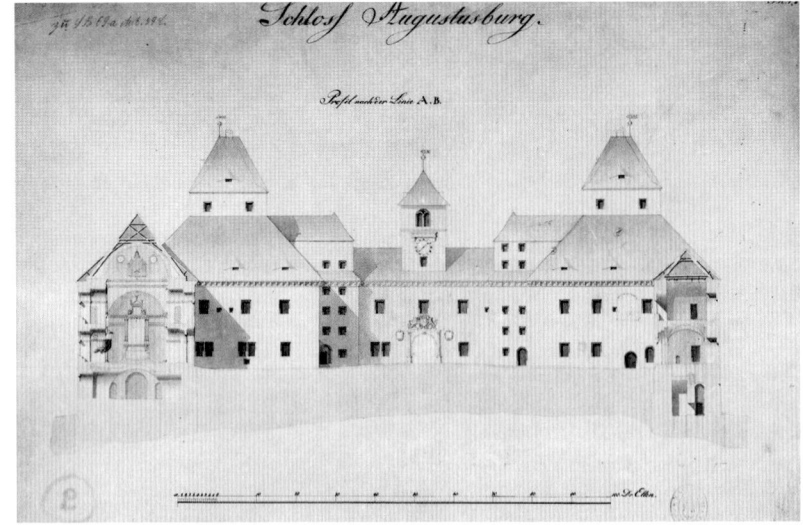

Ost-West-Schnitt durch das Kernschloss, um 1800

Anfang September 1800 war der Umbau schon weit vorangeschritten. Das Küchenhaus, das Hasenhaus und das Sommerhaus sowie die Zwischengebäude schmückte ein neues Dach. Jetzt musste nur noch das Lindenhaus in Ordnung gebracht werden.

Am 6. Dezember 1800 war es dann soweit: Die Erneuerung der Dächer sämtlicher Schlossgebäude war abgeschlossen. Damit einhergegangen war das Abtragen der vielen Schornsteine auf den Schlossgebäuden.

Den auf das Lindenhaus neu aufgemauerten Turm tünchte man weiß aus, ließ die Decke und den Boden mit noch übriggebliebenen Brettern spünden und gewährleistete so, dass wenigsten von einem der vier Eckgebäude aus die schöne Aussicht zu genießen ist.

Am 3. Juli 1801 erging die Nachricht Verlohrens an den Kurfürsten, dass der Schlossbau zu Augustusburg »vollführet und beendiget« sei. Die Abrechnung über den Bau legte der Amtsrentverwalter Kaden am 14. Dezember 1801 dem kurfürstlichen Hof vor. Die Gesamtkosten für die Herstellung des Schlosses, von dem Holzverbrauch abgesehen, beliefen sich auf 9272 Taler, einen Groschen und fünf Pfennige. Durch den Verkauf der übrig gebliebenen alten Baumaterialien sowie Fensterrahmen, Schlösser, Schränke, Brettkästen, Bettgestelle, alten Bilderrahmen und Türen wurde eine Summe von 1567 Talern drei Groschen und drei Pfennigen erzielt.

Abschließend bat Kaden, der immerhin für den Unterhalt von 13 Kindern zu sorgen

Südansicht des Schlosses mit Wirtschaftshof

hatte, um eine Belohnung für seine Bemühungen während des Schlossbaues. Während der Bauzeit hatte er nicht nur gesundheitliche Schäden davongetragen, sondern auch manchen anderen Verlust erlitten und großen Aufwand auf sich genommen. So musste er beispielsweise einen eigenen Schreiber einstellen, der ihm bei den vielen Aufgaben, die es zu erledigen galt, zur Hand ging. Dazu traten noch Spesen, die durch Reisen wegen des Baus verursacht wurden. Außerdem hatte er sich durch eigene tatkräftige Mithilfe bei der Umgestaltung des Schlosses etliche Kleidungsstücke ruiniert. Für seine Dienste gewährte der Kurfürst dem Rentamtsverwalter Gotthold Christian Kaden eine Belohnung in Höhe von 500 Talern.

Baumaßnahmen im 19. und 20. Jahrhundert

Auch wenn mit der baulichen Instandsetzung um 1800 eine Verbesserung der Bausubstanz eintrat, bestand jedoch die Voraussetzung für die Erhaltung des Schlosses Augustusburg, insbesondere der einmaligen architektonischen Erscheinung darin, eine einheitliche Nutzung für den Komplex zu finden. Die denkmalpflegerischen Ziele waren von Anfang an auf eine Repräsentation des Schlosses als ein geschlossenes Meisterwerk gerichtet. Im Zeitalter der Romantik gab es aber mehr Abneigungen gegen die kargen kubischen Körper des Schlosses. Deshalb pflanzte man im Hof eine Lindenallee und in den Ecken Buschwerk.

Schlosshof, um 1954

1907 erfolgte die Aufstellung des von Hans Hartmann-Maclean geschaffenen »Märchenbrunnens« im Schlosshof. Dieser Brunnen scheint einigen bereits zeitig ein Dorn im Auge gewesen zu sein. Im Jahre 1921 bot der Erzgebirgsverein dem Landesverein Sächsischer Heimatschutz eine Summe von 3000 Mark, um den Brunnen beseitigen zu können. Als 1933 die Gauführerschule die Räume der Augustusburg nutzte, wurde er vom Schlosshof entfernt und eingelagert.

Als der Erzgebirgsverein Anfang der Zwanzigerjahre die Räume um den Hasensaal mietete, um eine »Erzgebirgs-Schau« einzurichten, sah es in diesen Räumen noch öd und traurig aus. »Der Verfall hatte hier sein Unwesen getrieben und an Wänden,

Türen, Fenstern und Dielen großen Schaden angerichtet. Zu einer völligen Ruine hatte er den Fürstensaal gemacht. Nicht ohne Gefahr konnte er betreten werden. Die Diele war morsch, und von der Decke hingen drohend die Fetzen herunter.«[9]

Der Hasensaal im ersten Obergeschoss bereitete älterer Restaurierungen wegen schwierige denkmalpflegerische Probleme. 1923 erfolgte die Restaurierung der Hasenbilder durch den Dresdner Kunstmaler Karl Schulz, wobei die Malereien großzügig übermalt wurden. 1958 führte Kunstmaler G. Fleischer aus Zschopau Restaurierungen in Nebenräumen durch. Nachdem 1960 die Wiederherstellung des Saales geschehen sollte, wurden, soweit noch vorhanden, die übermalten Bilder freigelegt.

Baugeschichte des Schlosses

Schlosshof, um 1958

In den architektonisch-dekorativen Partien wurden die Neubemalungen um der Vollständigkeit der Wirkung willen nicht beseitigt, sondern nur ästhetisch verbessert.

Nach 1945 war das Äußere des Schlosses durch abfallenden Putz, durch Verwitterung vieler Werksteingewände und durch schadhafte Dächer charakterisiert. 1957 bis 1981 erfolgte eine Generalreparatur der Dächer, wobei 15 000 Quadratmeter Dachfläche umgedeckt wurden. An den Außenfronten begann allerdings erst 1970 die Neuverputzung und Beseitigung der Steinschäden. Nach Untersuchungen wurde der originale Zustand 1970/71 an der Westseite, 1972 an der Nordseite und 1973 an der Ostseite rekonstruiert. Seit 1975 erfolgte in Teilabschnitten die farbige Wiederher-

stellung des Wirtschaftsgebäudes, des Torhauses, des Stallgebäudes, 1978/79 schließlich der Fassade des Brunnenhauses.

Nach der Neufassung der Fassaden 1980 im Schlosshof, folgte 1981/82 die Südfassade, einschließlich des Glockenturms. Gleichzeitig damit wurde ein Teilabschnitt der Galerie am Glockenturm rekonstruiert, die Sonnenuhr wieder errichtet und ein neues Glockenwerk mit Stundenschlag in der Turmuhr installiert.

Nach durchgeführten Untersuchungen am Nordportal wurden 1969/70 die fehlenden Steinteile ergänzt. Entsprechend des Wunsches nach Vervollständigung des Portals erfolgte 1971 nicht nur die Wiederherstellung der Grundfarbigkeit, sondern es wurden auch die Schlusssteine vergoldet,

Küchenhaus mit Eingang zum Wirtschaftshof

die seitlichen Rollwerkkartuschen rekonstruiert, und im Mittelfeld wurde eine adäquate Kartusche neu dazu gemalt. Gleichzeitig kopierte man zwei wappenhaltende und gebälktragende Frauenfiguren, wie sie seitlich einer Tür in der dritten Etage des Lindenhauses vorhanden sind, auf die Flächen seitlich des Mittelfensters.

Nachdem die Allee im Schlosshof 1961/62 fiel, erfolgte auch dort gleichzeitig eine Neugestaltung. Der Hof wurde 1969 mit rotem Kies und Schieferplatten befestigt, 1996 mit Steinplatten.

Mit der Veränderung der Dachzone um 1800 war neben den Sälen in der dritten Etage des Linden-, des Küchen- und des

Südseite des Kernschlosses

Sommerhauses auch der Venussaal des Hasenhauses zum Bodenraum umfunktioniert worden. 1965 erfolgte die Wiederherstellung dieses Dachausbaues und die Erneuerung des Venussaales. Die Wandmalereien des Raumes waren sehr schadhaft, das Bindemittel verbraucht, die Flächen verstaubt, der untere Teil durch Beschmierungen verwundet. 1967/68 fand eine Reinigung und Festigung der Malereien statt, wobei die Retuschen in feinen Strichlagen ausgeführt worden sind. Erst 1982 bis 1985 erfolgte die Wiedererrichtung des südlichen und nördlichen Dachausbaues. 1990 begann die umfassende Restaurierung der gesamten Wandfassung, einschließlich der Rekonstruktion von Decken und Fußböden nach historischen Vorbildern. 1993 wurde das Deckengemälde der »Fünf Sinne«, welches nicht zum ursprünglichen Raumprogramm gehört, angebracht.

Ende der Achtzigerjahre wurde begonnen, im Lindenhaus die originale Malerei freizulegen und zu festigen, 1987 zuerst in

Torhaus und Nordportal

Hasenhaus

der Affenstube an den Wänden und am Kamin. Gleichzeitig entstanden mit der baulichen Wiederherstellung des Aussichtsturmes im Lindenhaus auch eine Ausstellung
zur Baugeschichte und Räume für Sonderausstellungen. Im Jahre 1995 erfolgte nicht
nur eine Sicherung der Wandmalereien im
zweiten Geschoss des Lindenhauses, sondern auch in der dritten Etage.

Als einziger Teil des Schlosses ist die
Schlosskirche mit ihrer originalen Ausstattung durch die Jahrhunderte hindurch
erhalten geblieben. Besondere Beachtung
schenkte man dem von Lucas Cranach d. J.
1571 gemalten Altarbild. 1886 erfolgte, wegen aufgetretener Risse, die Parkettierung
desselben auf Holz, 1903 eine weitere
Restaurierung. Eine grundlegende Siche-

rungsmaßnahme fand 1948 statt. 1959 wurden die nachträglich eingebauten Empo-
reneinbauten abgebrochen, 1961 die Lo-
geneinbauten. Im gleichen Jahr erfolgte die
Belegung des Fußbodens mit Porphyr-
platten.

Nach eingehenden Untersuchungen zur
Farbgebung im gesamten Kirchenraum
begann die Konservierung und Restaurierung der Ausstattungsstücke: so auch 1964
die Festigung der losen Fassung am Rahmen des Altars. Bis auf wenige Ausnahmen
wurden auch spätere Retuschen beseitigt.
Nach Beendigung der Restaurierung von
Kanzel und Altar 1972 folgte die Erneuerung der Orgel und des Sakristeigitters.
1989 wurde der Kanzeldeckel gesichert und
restauriert.

Baugeschichte des Schlosses

Der Bilderschmuck des Schlosses Augustusburg

Im 16. Jahrhundert wurde die fehlende plastische Architekturgliederung der Fassaden und der Innenraumgestaltung vorwiegend durch illusionistisch gestaltete Lisenen-, Rahmen- und Gesimsordnungen nach zeitgenössischen Architekturlehrbüchern kompensiert, die besonders zur Ausschmückung und Betonung der jeweils verbindlichen Ornamentformen dienten. So gaben die Wandflächen neben der gemalten Architektur die Möglichkeit, bekannte Ereignisse und Personen, eine Wappenfolge, verschiedenartige antike mythologische Themen oder ähnliches darzustellen.

Es kamen häufig Bildzyklen zur Ausführung, die den Betrachter anhand verschiedener Lebensalter, Totentänze oder ähnlichem an die Vergänglichkeit des menschlichen Lebens und die drohende Verdammnis erinnerten und ihn gleichzeitig zur Frömmigkeit ermahnten. Die Darstellung von Untugenden und Lastern der Menschen wurde gern in Schwänken und Narreteien verschlüsselt, in denen Tiere und Menschen vorkamen. So konnten auch komplizierte symbolische Bedeutungen bestimmter Tiere in die Schilderung einfließen, die von den Zeitgenossen durchaus verstanden wurden.

Vom einstigen Bilderschmuck in den Innenräumen des Schlosses ist wenig erhalten. Deshalb ist es schwierig, ihn in seiner Geschlossenheit zu erfassen und zu erklären. Der Augustusburger Schlossprediger Magister Ernst Hermann (gest. 1732) ist der

einzige, welcher in seinem »Chronicon Augustoburgensis, das ist Augustusburgische Chronik und Beschreibung des Churfürstlich Sächsischen Jagdhauses Augustusburg« eine fast vollständige Beschreibung der einstigen Malereien überlieferte. Sein 1725 vollendetes dreibändiges Werk befindet sich heute im Archiv des evangelisch-lutherischen Pfarramtes Augustusburg.

In der Gestaltung der Innenräume des Schlosses Augustusburg kommen die gesellschaftliche Stellung, die Bildung und die Lebenshaltung Kurfürst Augusts und besonders sein Sieg über die Ernestiner zum Ausdruck. Gleichzeitig gibt sie aber auch einen Einblick in die Kultur- und Sittengeschichte des ausgehenden 16. Jahrhunderts.

Der Schöpfer des umfangreichen Malwerkes des Schlosses Augustusburg war Heinrich Göding (1531–1606), ein Schüler Lucas Cranachs d. J. Er gilt als der letzte bekannte Träger sächsischer Traditionen der Renaissancemalerei. Die heute nicht vollständig erhaltene Ausmalung der Räume des Schlosses Augustusburg ist eine seiner großartigsten Leistungen. Dass diese Malerei nicht lange bewahrt werden konnte, wird auf die wenig dauerhafte Maltechnik geschoben.[10]

Bevor Heinrich Göding zwischen 1562 und 1564 zum Hof des Kurfürsten August kam, war er seit 1559 beim dänischen König beschäftigt gewesen. Seine ersten nachweisbaren Tätigkeiten in Sachsen sind die

Ausgestaltung von Gemächern auf der Burg Stolpen sowie die künstlerische Gestaltung des Kanzleihauses in Dresden. Wann Heinrich Göding seine Ernennung zum kursächsischen Hofmaler erhielt, ist quellenmäßig nicht nachweisbar. Zum ersten Mal wird er in dieser Funktion am 10. Juni 1570 genannt. Demnach war er schon Hofmaler, als er vom Juni 1570 bis November 1572 die Räume des Schlosses Augustusburg gestaltete. Diese Leistung wird wohl zur Zufriedenheit des Kurfürsten gewesen sein, denn der sonst eher knausrige Kurfürst August gewährte seinem Hofmaler 1573 auf 20 Jahre ein jährliches Gnadengeld von 200 Gulden.

Am 11. Juni 1570 war Heinrich Göding aufgefordert worden, sich zur Augustusburg zu begeben. Am 3. Juli 1570 berichtete Lotter von der Ankunft des Malers, eines Gesellen und dreier Jungen auf dem Schellenberg. Für seine Arbeit wurden ihm ein wöchentlicher Lohn von vier Groschen und für jedes fertig gestellte Gemach nochmals ein Gulden zugesagt.

Seine erste Aufgabe bestand in der Ausmalung des bereits fertig gestellten Sommerhauses. Für die Gestaltung der Räume kamen die Anweisungen von Kurfürst August. Demnach sollte Göding Tische und Bänke mit Ölfarben, Tür- und Fensterfassungen als auch Kamine mit Marmorimitationen bemalen sowie die Türen mit einem aufgemalten Intarsienmuster versehen. Trotz der sehr konkreten Anweisungen verfügte Göding aber über genügend Freiraum zum Verwirklichen seiner künstlerischen Vorstellungen.

Es ist nur ein einziger Bericht von seiner Arbeit im Schloss Augustusburg überlie-fert. Er datiert vom 18. September 1570. Bis zu diesem Zeitpunkt hatte Göding mit seinen Mitarbeitern alle Türen »auf ein geleget holtz Artt« und alle Tische und Bänke im Sommerhaus bemalt. Dennoch konnte er die von Kurfürst August gestellte Forderung, bis Ende Juli 1570 die Arbeiten im Sommerhaus zu beenden, nicht erfüllen, er hatte die Frist bereits um zwei Monate überschritten.

Da der Kurfürst immer zu großer Eile mahnte, sollte Heinrich Göding mit seinen Malern auch den Winter über auf dem Schellenberg bleiben und nach Beendigung des Sommerhauses im Lindenhaus und im Küchenhaus fortfahren.

Nicht eindeutig lässt sich die Reihenfolge rekonstruieren, in der die Räume bemalt wurden. Wahrscheinlich zeichnete Heinrich Göding den Entwurf an die Wände, und seine Gesellen führten die farbliche Fassung nach Anweisung des Meisters aus. Neben Heinrich Göding war in der Zeit vom 4. November 1571 bis zum 18. Oktober 1572 auch der aus Pulsnitz stammende Meister Christof Enderle an der Ausmalung beteiligt.

Wie allerdings die Räume im Hasenhaus verziert werden sollten, war Heinrich Göding im September 1571 noch nicht bekannt. Es ist anzunehmen, dass die Anordnung zur Gestaltung des vierten Eckhauses mit den Hasenmalereien durch Kurfürst August erst am 24. Dezember 1571 zu Heinrich Göding gelangte. Die Ausmalung des Hasenhauses war jedoch sehr umfangreich. Deshalb schrieb Kurfürst August am 20. Februar 1572 an die Städte Leipzig und Dresden, dass sie für diese Sache einige Gesellen zur Verfügung stellen sollten. Da-

Illusionistische Malerei im Hasensaal

Der Bilderschmuck des Schlosses Augustusburg

rauf kamen im März noch weitere sieben Gesellen nach Augustusburg.

Die Arbeiten in Augustusburg beendete Heinrich Göding am 8. November 1572, seine letzten beiden Gesellen verabschiedete er am 15. November 1572. Da er jedoch noch Schilde für die Trophäen bemalen sollte, reiste er selbst erst Ende Januar 1573 von Augustusburg ab.

Die umfangreichste Malerei im gesamten Schlossbereich befand sich im Hasenhaus, welches seinen »Nahmen von denen Haasen hat, welche darinne, alle menschliche Verrichtungen nachahmend … und dieselbe gleichsam verlachend, abgemahlet sind. Denn nachdem Sie die Jäger und hunde alß ihre Freunde aus dem Felde geschlagen, haben sie sich Jure belli in eine Freyheit gesetzet und eine Republic aufgerichtet, sind aber zuletzt wieder in ihrer Feinde gewalt gerathen, ihrer vorigen Freyheit beraubet und elendiglich umbgebracht worden«[II]. So schildert der Schlossprediger Ernst Hermann den Zyklus.

Die Hasenmalereien, als dessen geistiger Urheber Kurfürst August gilt, sind in das Motiv der »verkehrten Welt« einzuordnen. In jener kann das Tier die Stellung eines »Herren« einnehmen, so dass der Mensch ihm nun dienen muss. Dem Tier gibt man dabei gern eine seinem Charakter entgegengesetzte Rolle: Wolf, Fuchs und Bär sind meist Geistliche, der Hase als eigentlich furchtsames Tier gilt als draufgängerisch.

Das Motiv Jäger-Hase in seiner Gesamtheit im Schloss Augustusburg stellt ein gigantisch gemaltes Tierepos ohne Text in dramatischen und erzählenden Szenen dar. Obwohl durch die menschennachahmende Gestik der Hasen dem Tier etwas von sei-

nem niedlichen Liebreiz genommen wird, hoppeln doch einige unbeteiligt und unbeholfen durch die ereignisreichen Szenen.

Vom Erdgeschoss bis zum Dachgeschoss sich ziehend, zierten die Hasen in etwa 100 Gruppenbildern die Türen, Fenster und Kamine als Einfügung oder Hinzufügung zur Scheinarchitektur oder als Illustration der Kartuschenbilder. Die Hasenbilder als Motiv der »verkehrten Welt« gliedern sich in drei Abschnitte: erstens der Kriegszug der Hasen gegen die Jäger, zweitens das Hasenreich und drittens die Zurückgewinnung der Macht durch die Jäger.

In allen nur denkbaren Formen werden menschliche Tätigkeiten vorgeführt: ein Gerichtstag der Hasen, der Krieg der Hasen gegen die Jäger, das friedliche Treiben im Hasenreich nach einem errungenen Sieg bis hin zum Strafgericht der Jäger über die Hasen. Sogar das absurdeste aller Abenteuer mit einem Hasen, die Geschichte von den sieben Schwaben, hat Heinrich Göding geschildert: Sieben tragen einen gewaltigen Spieß und wollen gegen ein vor ihnen stehendes »Hasenungeheuer« vorgehen. Diese Malerei in der Augustusburg ist die früheste Darstellung dieses Schwankes.

Zum ersten Mal in der Darstellung der »verkehrten Welt« wird im Hasenhaus der Augustusburg die alte Ordnung wiederhergestellt – die »verkehrte Welt« fällt in ihr altes Gefüge zurück. Es ist anzunehmen, dass sich hinter dem erheiternden Trubel eine politisch aktuelle Aussage verbirgt, die außer der Rechtfertigung für das Verhalten Kurfürst Augusts während der Grumbachschen Händel 1566/67 auch Grundzüge ter-

Hasensaal im ersten Obergeschoss des Hasenhauses

ritorialstaatlichen Denkens und Handelns
allegorisch wiedergibt.

Eine Seltenheit mit keinen unmittelba-
ren Vorbildern besitzt der Saal im zweiten
Obergeschoss des Hasenhauses, welcher
»wird genennet der Venus-berg … Wird
von denen Mahlern ein Nachtstück genennet, in Welchen die Gemählde, des Nachts
und beym liechte beßer als am Tage zu
erkennen«[12]. Heinrich Göding war von
Mai bis November 1572 damit beschäftigt,
die Wände mit Felsen und Schluchten,
einer illusionistischen Architektur und
Spalten, durch welche Tageslicht einfällt,
zu schmücken.

Der Gestaltung der Wandmalerei liegt
die Sage vom Venusberg zugrunde: Im Inneren des Berges verbringt Frau Venus in
üppiger Weise ihre Lebenstage. Sie lockt
Menschen zu sich, welche mit ihr ein
Leben voller Lust und Freude verbringen.
Am Eingang zum Venusberg steht als
Mahner der getreue Eckart und warnt die
Nahenden. Auch der Ritter Tannhäuser
entdeckt das Tor und betritt den Venusberg. Nach einem verschwenderischen Leben wird Tannhäuser von Reue erfasst und
pilgert zum Papst nach Rom. Dieser ver-
weigert ihm allerdings die Absolution.
Eher solle sein Stab grünen, als dass er

Venussaal im zweiten Obergeschoss des Hasenhauses

Tannhäuser vergibt. So kehrt Tannhäuser verzweifelt zurück. Durch die Fürbitten der heiligen Elisabeth beginnt der Stab des Papstes zu grünen – diese grünenden Zweige sind über die gesamte Wandmalerei verstreut.

In unmittelbarem Zusammenhang damit stand das Deckengemälde »Orpheus mit den Tieren«. Diese Darstellung ging auf die Sage von Orpheus und Eurydike zurück: Orpheus verliert durch den plötzlichen Tod seine Geliebte, die Nymphe Eurydike. Als er seine Klagelieder anstimmt, folgen ihm die Tiere wie Lämmer. Die Sehnsucht nach Eurydike treibt Orpheus in die Unterwelt. Seine Angebetete kann er allerdings nur losbitten, wenn er sich so lange nicht nach ihr umsieht, bis er mit ihr das Diesseits erreicht hat. Er erfüllt

diese Bedingung jedoch nicht, und deshalb bleibt Eurydike in der Unterwelt.

Dieses Gemälde ist leider nicht erhalten, der Inhalt nur durch Ernst Hermann überliefert. Das jetzige, vom Anfang des 17. Jahrhunderts stammende fünfteilige Deckengemälde, die »Fünf Sinne«, kam erst 1993 an diese Stelle.

Über die Beweggründe des Kurfürsten August, einen Saal in dieser illusionistisch-irrealen Art ausmalen zu lassen, und über dessen frühere Nutzung gibt es nur hypothetische Deutungen. Dennoch ist bemerkenswert, dass der Tanzsaal, der Kaiser- oder Reihersaal und auch der Speisesaal mit dem Venussaal in der gleichen Geschossebene liegen und auf der Außen- und Innenseite des Schlosses durch die ehemalige Galerie miteinander verbunden waren.

Einmalig ist auch das Bildnis Heinrich Gödings. Mit diesem Gemälde vom »Venusberg« beendete er seine Arbeiten auf der Augustusburg. Er blickt von oben herab, eine Tafel prüfend vor sich haltend. Unten im Kamin liegen Pinsel und Farbnäpfe. Der im Käfig sitzende Papagei, der im Schatten den Kopf senkt, bekleidete den Maler sicher bei seiner mühseligen Tätigkeit in Augustusburg.

Bemerkenswert war auch die Ausmalung der Amtsstube, welche unter dem südlichen Tor, d. h. rechts im Durchgang nach den Stallgebäuden, lag. Ernste Aussprüche der Bibel sowie heidnische und christliche Weisen über die Pflege des Rechts befanden sich in Bildern und Schrift an den Wänden. Allerdings wurden diese bei der Renovierung der Amtsstube 1707 übermalt.

Das Lindenhaus, so genannt wegen der vor diesem stehenden Linde, enthielt im Erdgeschoss die kurfürstlichen Gemächer.

Affenstube im Lindenhaus.
Zustand während der Restaurierung

In den Zimmern des Kurfürsten und der Kurfürstin sowie in ihrem Schlafgemach waren an der Decke Gemälde zu sehen, welche die Kriegszüge Herzog Moritz' gegen die Türken in Ungarn darstellten. Im Schlafzimmer waren neben dem Bildnis Kurfürst Augusts auch die 1560 entstandenen sieben Gemälde von römischen und griechischen Schauspielen zu sehen. Die anderen Gemächer enthielten nur Wappen über den Türen.

Im ersten Obergeschoss tritt das Motiv der »verkehrten Welt« wieder auf. Während von der »Gemsen-Stube« keine Malerei beschrieben ist, sind in den beigeordneten Gemächern »Viel Füchse gemahlet stehen und unter andern ein Fuchß in Päbstischen Priester-habit, Welcher denen Gänsen prediget«[13] zu sehen. Der Fuchs im Gewand eines katholischen Priesters predigt einer Schar Gänse.

Von besonderem Interesse ist wohl die Eckstube am Schlosshof, die nach der Malerei auch die »Affenstube« genannt wird. Hier sind allerhand närrische Aufzüge von Affen an den Wänden zu sehen. Der Affe als Motiv der Fastnachtspiele und als Vertreter der Eitelkeit verdrängt aber nicht den Hasen als tierischen Vermittler des Narrentums. Neben Affen, die auf verschiedenen Musikinstrumenten spielen, dirigiert ein Affe im Kostüm des Kapellmeisters mit dem Notenblatt in der Rechten eine Kapelle.

Im zweiten Obergeschoss »ist ein großer Vor-Saal, welcher seiner Größe und schönen Gemählde halber der Vogel-Saal, der Reiher-Saal und der Ceyser-Saal genennet wird«[14]. Dieser diente für offizielle Empfänge und war doppelt so hoch wie die

Karyatide. Ausschnitt aus der Wandmalerei des Lindenhauses 2. Obergeschoss

Der Bilderschmuck des Schlosses Augustusburg

anderen Säle des Schlosses. Das riesige Deckengemälde, welches eine Reiherbeize darstellte, die Kurfürst August zu Ehren Kaiser Maximilians II. (1564-1576) veranstaltete, demonstrierte gleichzeitig die enge Verbindung zwischen Kursachen und den Habsburgern. So befanden sich auch Kaiser Maximilian II. und Kurfürst August unter den Teilnehmern der Jagd. Gleichzeitig schmückten 38 Wappen von Besitzungen der albertinischen Linie der Wettiner den Raum.

Die den Saal umgebenden Gemächer bewohnten die kurfürstlichen Hofdamen. In dem rot-grünen Gemach, das auch wegen der gemalten Vögel die »Turteltaubenstube« genannt wird, logierte die weibliche Dienerschaft der Kurfürstin Anna. An den Decken, die sich in diesen Gemächern befanden, war das Chaos in der Schöpfung gemalt. Die Bilder in den fünf Räumen verfolgten wahrscheinlich den Zweck, das weibliche Verständnis auf Höheres zu lenken, die Tugend zu fördern und von Verderbnissen abzuschrecken. Dennoch ist es verwunderlich, dass die Thematik nicht der Bibel, sondern den Dichtungen Ovids entnommen wurde.

An der Tür zur Treppe in den vierten Stock war Kurfürstin Anna dargestellt, als »guckete sie herunter, ob sich Ihr Frauenzimmer auch recht halte«[15]. Neben ihr stand ein weibliches Wesen, welches einen Pferdefuß auf der Schulter trug, eine Strafe für diejenigen, die sich nicht gesittet verhielten. Im zweiten Obergeschoss gab es noch die braun-gelbe, die grün-weiße und die blau-weiße oder Zeisigstube.

Das Sommerhaus ist weniger mit allegorischen Malereien geschmückt gewesen.

Ausmalung einer Supraporte. Lindenhaus 2. Obergeschoss

Vielmehr sollte mit Hilfe von verschiedenen Vögeln, grünenden Bäumen und Sträuchern sowie blühenden Blumen, welche sich über den Türen, Fenstern und Portalen befanden, der Sommer versinnbildlicht werden, der diesem Haus auch seinen Namen gab.

Im zweiten Obergeschoss lag der Tanzsaal mit einer Empore für Musiker. Neben dem hängenden »Musicantenchor« besaß nur dieser Saal im Sommerhaus ein Deckengemälde. Dargestellt war Phaeton auf

Rekonstruierte Türummalung im Sommerhaus. Saal Erdgeschoss

Gastraum in der Schlossgaststätte

dem Sonnenwagen, der mit dem Dreigespann daherstürmte.

Im Querbau zwischen Sommer- und Hasenhaus lag der langgestreckte Fürstensaal, der eine fiktive Ahnenreihe des Hauses Wettin enthielt. Diese Gemälde stammten von Lucas Cranach d. J. Für diesen Auftrag, den er wahrscheinlich Mitte 1571 von Kurfürst August erhielt, diente ihm die gleiche Abfolge, wie sie im Wittenberger Schloss zu finden war, als Vorlage. Für Schloss Augustusburg malte Lucas Cranach d. J. eine Reihe von Personen, die mit Herzog Ludolph I. begann und bei Kurfürst August endete. Von ihren Besitzungen, Würden und Ehren zeugten die ihnen beigegebenen Wappen und Kleinodien.

Von ihren Absichten, Leistungen und Gebrechen berichteten die Unterschriften. Letztere stammten von Caspar Peucer (1525–1602), einem Polyhistor, Philologen und Mediziner.

Interessant ist, dass Kurfürst August den Plan hegte, auch Bildnisse von Theologen und gelehrten Männern, die neben Luther das Evangelium predigten, für die Schlosskirche malen zu lassen. Für dieses Vorhaben gab es allerdings keine Vorbilder. Anscheinend ist es aber nicht zustande gekommen. Die Absicht allerdings zeigt bereits, dass sich Kurfürst August als Beschützer des evangelischen Glaubens sah.

Die im Fürstensaal befindlichen Gemälde wurden wahrscheinlich unter Johann

Der Bilderschmuck des Schlosses Augustusburg

Georg I., welcher um 1614 eine bauliche Instandsetzung des Schlosses veranlasste, bis zu seinem Bildnis weitergeführt. Als am 22. August 1632, während des Dreißigjährigen Krieges (1618–1648), die kaiserlichen Soldaten das Schloss plünderten, haben sie auch einige dieser Bildnisse zerstochen und zerstört. Zwischen 1681 und etwa 1725 sind 15 Bilder im Tanzsaal zur Aufstellung gekommen. Die restlichen lagen in Verwahrung in einem angrenzenden Raum.

Das gegenüber dem Hasenhaus befindliche Küchenhaus erhielt seinen Namen nach den darin eingerichteten beiden Küchen, der Kurfürsten- und Ritterküche. Im zweiten Obergeschoss befand sich der große Speisesaal mit biblischen und heilsamen Sprüchen, Tischregeln und Bildern wie auch allerhand Küchengeräten. An den Wänden standen Bibelstellen, in Deutsch und mit großen lateinischen Buchstaben geschrieben, die sich auf Mäßigkeit im Essen und Trinken bezogen. Wie im Kaisersaal des Lindenhauses, schmückte auch hier die Decke ein Wappenkranz, aber nicht zur Ehre des Hausherrn, sondern zur Lehre und Warnung der Gäste, insbesondere wohl der Edelknaben. Die Wappen stellten nämlich allerlei Gerichte dar, und fingierte Adelsnamen bildeten die meisten Unterschriften. So war zu lesen:

»Die Trunckenheit macht einen tollen Narren noch toller, das er pocht und trotzt.«

»Iß wie ein Mensch was Dir furgesetzet ist und fris nicht zu seer auf das man dir nicht gram werde.«

Die anderen Räume dieses Hauses dienten der Haushaltsführung. Hier gab es eine Schneiderei, das Kleider- und Kastengemach, die Silberkammer, die Stube des Küchenschreibers, eine Essigstube und sogar ein Pasteten-Stübchen.

Schleppessensystem in ehemaliger Hofstube des Küchenhauses

Die Wasserversorgung

Bei der Besichtigung des Platzes für den Schlossneubau war sich Lotter bewusst, dass eine funktionierende Wasserversorgung dringend nötig sei. Dazu gab es zur damaligen Zeit zwei Möglichkeiten: entweder eine Wasserkunst oder einen Brunnen anlegen. Nach der Besichtigung einiger Bäche um den Schlossberg fand man bei Waldkirchen eine Quelle, die geeignet erschien, um eine Wasserkunst anlegen zu können. Während im Herbst 1567 die Arbeiten bereits begannen, mussten erneut einige Sachverständige zusammenkommen, da es bis dahin nicht gelungen war, eine funktionierende Wasserkunst aufzurichten, weil die Röhren schlecht gearbeitet waren und auch der Frost viele auseinander getrieben hatte. Deshalb wurde am 26. Januar 1568 mit dem Leipziger Paul Wiedemann sowie den Müllermeistern Zacharias Zschörner aus Leipzig und Jacob Hertel aus Elterlein ein Kontrakt geschlossen mit der Aufgabe, die Fertigung der Wasserkunst erneut zu versuchen.

Am 1. Dezember 1568 konnte Martin Planer berichten, dass »die Kunst und Wasser Gräben alles gefertigt«[16] wären. Da es jedoch zu diesem Zeitpunkt bereits schneite und Frost einsetzte, konnte die Anlage vorerst nicht in Gang gesetzt werden. Für die Wasserkunst war ein Kunstteich angelegt worden, der für den Antrieb der Feldgestänge mittels eines Wasserrades sorgte, um das Wasser auf den Berg zu heben. Das Wasser scheint zunächst allerdings nicht sauber gewesen zu sein, einige Arbeiter erkrankten sogar daran. Nachdem die Quelle

durch einen Kasten geschützt und einige Male gereinigt war, verbesserte sich auch die Qualität des Wassers.

Innerhalb des Schlosses gedachte Kurfürst August zur Zierde Wasser- und Fischkästen aufzustellen. So sollte Lotter im Februar 1569 den Schlossinnenhof beräumen lassen, damit Martin Planer dieselben setzen konnte. Von dieser Anordnung war Lotter nicht begeistert. Da aber Kurfürst August darauf bestand, ließ er zunächst einen Wasserkasten im Hinterhof am Hasenhaus setzen, wo er vermutlich auch verblieb.

Rohrkasten. Planzeichnung von Hieronymus Lotter, um 1571

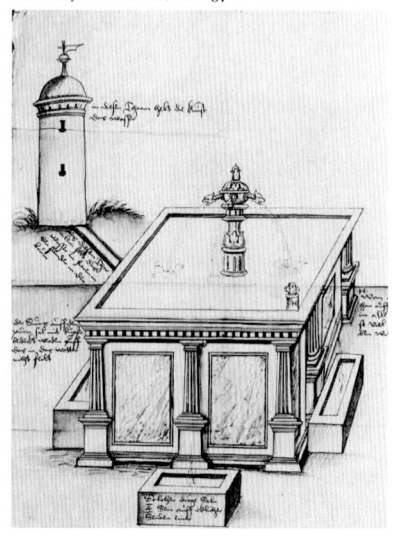

Brunnenhaus

Bereits im August 1567 zog man schließlich auch die Anlegung eines Brunnens in Betracht. Eine Besichtigung des alten Brunnens der Burg Schellenberg brachte jedoch kein positives Ergebnis. Vielmehr sollte im Hinterhof ein neuer angelegt werden. Die Aufsicht über diese Arbeiten übertrug Kurfürst August Martin Planer, der auch die Gestaltung der Grünanlagen um das Schloss überwachte.

Wann genau auch gefangene Wilddiebe beim Brunnenbau eingesetzt wurden, lässt sich nicht eindeutig sagen, wahrscheinlich erst seit Mitte 1568. Mit dieser Lösung war Martin Planer allerdings nicht zufrieden. Kurfürst August ließ jedoch nicht mit sich

verhandeln. Damit die Gefangenen nicht entweichen konnten, sollten sie sich »zum Aus- und Einfahren ... an einem Seil auf einen Knebel setzen«[17]. Der Kurfürst sah dies für eine harte, seiner Meinung nach aber gerechte Strafe für Wilderer an. Aber der Hauptgrund für diese Art der Bestrafung lag wohl auch darin, dass August Kosten sparen wollte. Natürlich nutzten die Gefangenen jede sich bietende Gelegenheit zu fliehen. Drei von ihnen gelang Anfang August 1568 die Flucht. Die anderen fünf sperrte der Schösser zusammen mit dem verantwortlichen Steckenknecht ein.

Die Arbeiten gingen dennoch nicht voran. Deshalb begann Lotter Anfang 1571 beim Küchenhaus erneut einen Brunnen niederzutreiben. In der Nähe befand sich die ehemalige Pferdeschwemme der Burg Schellenberg, wo auch ein Brunnen gewesen sein sollte, der allerdings nur Sickerwasser hatte. Deshalb hoffte Lotter, an dieser Stelle eher auf Wasser zu stoßen als im Hinterhof des Schlosses. Allerdings war Kurfürst August nicht geneigt, diesen Versuch zu finanzieren und stellte den Vorschlag erst einmal zurück. Nach mehr als zwei Jahren wurde er vom Schösser des Amtes Schellenberg nochmals aufgegriffen und Kurfürst August bewilligte nunmehr, dass einen Monat lang an dieser Stelle gegraben werden sollte. Aber es brachte kein anderes Ergebnis.

Wie die Arbeiten am Brunnen in den Jahren 1568 bis 1571 vor sich gingen, ist nicht bekannt. Allerdings wurden spätestens nach 1571 keine Gefangenen mehr für

das Abteufen des Brunnens eingesetzt. Wahrscheinlich waren die Arbeiten mit Schlegel und Eisen doch zu mühselig und brachten nicht das erwartete Ergebnis.

Wann man zu der Methode, das Gestein mittels »Feuersetzen« zu brechen, überging, kann nicht genau bestimmt werden. Am 18. April 1571 ereignete sich dabei ein Brandunglück, welches erahnen lässt, dass diese Methode bereits seit geraumer Zeit angewendet wurde. Während im April 1571 der Brunnen eine Tiefe von 25 Lachtern hatte, waren es bis Juli 1572 32 Lachter. Im Januar 1577 war es dann soweit, man fand eine offene Kluft »da quildt ein wasser … so klar und rein wie ein brunquell«[18]. Damit standen nun die Wasserkunst und der Ziehbrunnen für die Wasserversorgung zur Verfügung. Das Wasser des Brunnens wurde durch ein Göpelrad von zwei Tieren heraufgezogen, die von dem dazu bestell-

Göpelwerk im Brunnenhaus.

Die Wasserversorgung

ten Brunnentreiber im Kreise geführt wurden. Zwei große, mit Eisen beschlagene Tonnen, die an einem 150 Meter langen Seil hingen, schöpften abwechselnd das Wasser.

Nach Fertigstellung des Göpelwerkes gedachte Kurfürst August die Wasserkunst einzustellen. Schließlich brauchte man zu ihrer Unterhaltung immense Kosten. Über den Winter musste der Röhrkasten mit einer Dachung versehen und auch die Ständer und Röhren mit Stroh gegen die Kälte umwickelt werden. Gleichzeitig war der Kunstteich ständig von Schlamm zu befreien, was zwar durch Fronarbeit geschah, aber vieler Personen bedurfte.

Das erste Mal versiegte der Brunnen, als sich Kurfürst Johann Georg I. mit seinem Hof und vielen Gästen zum Jagdlager vom 28. August bis 22. September 1651 auf der Augustusburg aufhielt. Nicht nur viele Personen, sondern auch etwa 1000 Pferde mussten versorgt werden. Bei Ankunft der Jagdgesellschaft stand das Wasser bei einem Pegel von 28 Metern, 22 Tage später betrug er nur noch zwei Meter. Durch eine daraufhin erfolgte Reinigung des Brunnens sollte sich die Wasserqualität verbessern.

1722 wurde das ganze Brunnenhaus renoviert, ein neues Dach mit einer neuen Haube aufgesetzt, anstatt der Ziegel mit Schiefer gedeckt, und die Brunnenstube vergrößert.

Zu diesem Zeitpunkt fand abermals eine Brunnenreinigung statt, weitere folgten 1842 und auch 1876, da sich eine Frau in den Brunnen gestürzt hatte. Bis zum Anschluss an die örtliche Wasserversorgung 1882 wurde der Brunnen regelmäßig benutzt. Im Jahre 1891 musste er noch einmal für fünf Monate in Betrieb genommen werden, da die städtische Wasserleitung eingefroren war.

Zum Schutze des Brunnens errichtete man ein Haus über demselben, in welchem sich die Maschinerie befand. Das jetzige Brunnenhaus entstand nach dem Brand vom 27. Februar 1831. In ihm befindet sich der einzige noch erhaltene Treibegöpel Sachsens. Das Kammrad von 7,30 Meter Durchmesser und das von ihm angetriebene Stockgetriebe auf einer Welle mit den Förderseilen und der Bremsscheibe ist eine technische Meisterleistung und steht in der Tradition der erzgebirgischen Bergwerksmaschinen. Der Göpel befindet sich im hinteren Teil des Gebäudes. Der vertikale »Wellbaum« wird durch den gepflasterten »Göpelherd« abgestützt. Horizontalspeichen und Schrägstreben halten das riesige »Kammrad«. Das Drehmoment wird vom Zugbaum formschlüssig in den Göpel eingeleitet. Mit Haken wurden die heraufgezogenen Wasserkübel herangeholt und abwechselnd in die Oberkästen des darunterliegenden Wasserreservoirs ausgegossen.

Die Schlosskirche *(Maik Reichel)*

Im zweiten Drittel des 16. Jahrhunderts entstand im sächsischen Raum eine bedeutende Anzahl interessanter Schloss- und Kirchenbauten. Neue architektonische Inhalte und Programme ließen Bauwerke entstehen, die sich einander in Typus und räumlicher Struktur ähneln. Sakrale Bauten als die einst primäre Architektur traten nun zurück, das Schloss nahm diese Stelle ein. Trotz dieser Bedeutungsverlagerung wurde für die Kirche eine neue Lösung gefunden: als Schlosskapelle. Bedingt durch

Innenraum der Schlosskirche mit Altar

Die Schlosskirche

das neuzeitliche Repräsentationsbedürfnis und die neue Lebensart sowie durch die Auswirkungen der Reformation und der einhergehenden Ausweitung und Festigung des evangelischen Glaubens wurde die Kirche innerhalb eines Schlosses zu einem der wichtigsten Räume.

In Torgau auf Schloss Hartenfels wurde der Bautyp, die »Erstlösung«, der späterhin so genannten mitteldeutschen protestantischen Schlosskirche geschaffen. 1544 erfolgte die feierliche Einweihung der Kapelle zu Torgau durch Martin Luther. Als baulicher Schöpfer des Urbildes gilt Nickel Gromann, dem oblag, einen Raum für den protestantischen Gottesdienst zu errichten. Er schuf einen großen, einheitlich wirkenden Saal, der im Grundriss einem Rechteck gleichkommt. Zwei Emporen umziehen den dreigeschossigen Raum, der durch kräftige Pfeiler mit profilierten Bogen geprägt ist. Äußerlich ist der Kirchenraum als solcher nicht erkennbar, da die Fassade den übrigen Außenfronten entspricht.

Als weitere Werke gelten die leider nicht mehr erhaltenen Schlosskapellen in Gotha, in Dresden sowie im Schloss Freudenstein zu Freiberg. In diese Reihe gehört auch die Schlosskirche von Augustusburg.

Das Schloss selbst dominiert durch die in die Ecken eines quadratischen Grundrisses gesetzten wuchtigen Turmbauten, die, fast selbstständigen Häusern gleich, durch relativ schmale Gebäudetrakte miteinander verbunden sind. Allerdings wird der regelmäßig erscheinende Bau durch die über die eigentliche Fassadenlinie des Linden- und Küchenhauses hinausreichende Schlosskirche an der Ostseite des kurfürstlichen Schlosses gestört. Diese Veränderung bzw. Erweiterung im Gegensatz zur Nord-, West- und Südseite des vierflügeligen Baus ist bedingt durch die von vornherein bestimmte Ausdehnung der Kirche. Der Raum wäre wohl zu schmal geworden, wenn die Breite der anderen drei Verbindungstrakte zwischen den turmartigen Häusern beibehalten worden wäre. Das Verhältnis zwischen Länge, Breite und Höhe hätte sich zuungunsten des räumlichen Eindrucks verschoben, ein Schlauch wäre entstanden. Auch das Festhalten an der äußeren Fassadenlinie mit gleichzeitigem Hineinschieben der Kirche in den Hof hätte zwar im Äußeren das regelmäßige Erscheinungsbild erhalten, jedoch den Hofraum verkleinert und dem Linden- und Küchenhaus notwendige Lichtquellen durch wegfallende Fenster entzogen.

Erhardt von der Mehr fertigte im Jahre 1568 die Baupläne, wonach auch das hölzerne Modell entstand.

Nach fast dreijähriger Bauzeit fand vom 30. Januar bis 1. Februar 1572 die Weihe des Kirchengebäudes statt. Hofprediger Philip Wagner hielt mit drei »Christlichen Predigten« die »Einweihung Des Nawen Churfürstlichen Hauses die Augustusburgk genant / sampt der Nawen Schlos = Kirchen«.

Nicht nur durch ihren Grundriss hebt sich die Kirche vom Gesamtbau ab, sondern auch durch die äußere Gestaltung der Fassade mit unterschiedlichen Fensteröffnungen. Reicher ornamentaler Schmuck fehlt, dafür sind die Fenstergewände samt deren Bogen der Renaissance entsprechend profiliert. Die Gewände tragen deutlich sichtbar eine vertikale Zweidrittelprofilierung. Hofseitig sind es sieben große gekup-

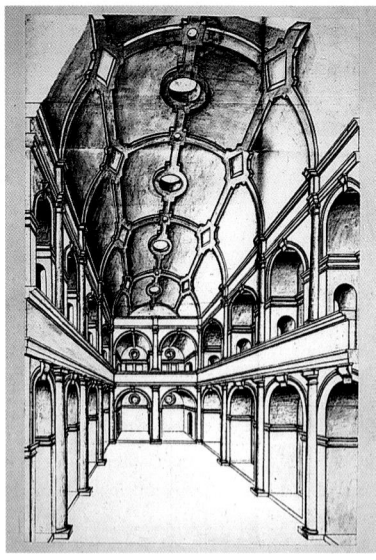

Schlosskirche. Planzeichnung, vermutlich von
Erhardt von der Mehr, um 1570

denteil der Hofseite steht im südlichen nur
jeweils ein Fenster in drei Geschossen gegenüber, einschließlich dem kleinen Portal.

Das mit drei Stufen versehene Eingangsportal stammt in seiner heutigen Form
nicht aus der Entstehungszeit der Schlosskirche. Zwar findet sich die gleiche Profilie-
rung wie an den Fensterrahmungen auch
in Bogenform an dem 1668 veränderten
Portal, dennoch lässt es barocken Einfluss
erkennen.

Im Innern der Kirche erstreckt sich
ein stark gegliederter, von Emporen um-
zogener Raum. Als Grundform wurde
ein Rechteck gewählt. Die Wandpfeiler
sind weit in den Raum eingezogen, so
dass selbständige Seitenräume entstehen,
die – großen Logen gleich – durch Bogen
und folgende Tonnenwölbung geprägt
sind.

An der Nord-, Ost- und Westseite befinden sich die Emporen; der südlichen
Wand wurde keine Empore vorgesetzt. Ein
Korbbogen gliedert diesen Wandteil, der
sich nischenartig nach Süden erweitert und
so Platz schafft für den Altar. Ein quer-
ovales Fenster liegt direkt unter dem Korbbogen, wird aber vom Altarretabel fast
verdeckt. Über der Altarnische steht die
Orgel, direkt unter die tonnengewölbte
Decke gesetzt. Hier wurde auf die logenar-
tigen Bogennischen zugunsten einer freien
Empore verzichtet.

Über der nördlichen Empore des ersten
Obergeschosses befinden sich noch zwei
weitere, kleinere und gedrungenere Emporen, wobei die oberste aufgrund der Höhe
des Kirchenraumes nur eine halbrund-
bogige Öffnung aufweist, flankiert von zwei
kleinen Rundfenstern.

pelte Fenster mit oberem Bogenabschluss;
vier im ersten Geschoss, drei im Erdgeschoss. Das große Eingangsportal entspricht in seiner Lage einem Fenster. Der
nördliche Teil der Hofseite wird geprägt
durch jeweils zwei gedrungene Rechteckfenster in drei Geschossen, wobei die oberen Fenster direkt unter das kräftige Ge-
sims gesetzt worden sind, wodurch sie ihres
oberen Abschlusses verlustig gingen. Ihnen
entsprechen zwei Türen, deren Profilie-
rung sich renaissancetypisch in der Senk-
rechten nicht bis ins untere Drittel der
Rahmungen fortsetzt. In dieser Weise wurden ebenso die darüberliegenden Fenstergewände gestaltet. Dem nördlichen Fassa-

Die Schlosskirche

Der gesamte Innenraum unterwirft sich einer starken Gliederung durch Säulen und Gebälk. Die vertikalen Strömungen werden durch die kräftigen toskanischen Halbsäulen des Erdgeschosses und die ionischen Halbsäulen des oberen Geschosses geprägt. Die vier Viertelsäulen in den Ecken des Raumes tragen im Erdgeschoss Kanneluren im Gegensatz zu den glatten Schäften der anderen sechs Säulen. Diese Sonderbehandlung der Eckviertelsäulen des Erdgeschosses wird im ersten Geschoss aufgegeben. Hier stehen nur vier glatte Viertelsäulenschäfte in den Ecken. Alle Säulen der Kirche besitzen eine attische Basis. Die aufstrebende Wirkung der übereinanderliegenden Säulen der beiden Geschosse wird durch die beide Säulentypen vermittelnden podestartigen Verbindungen verstärkt.

Horizontal umläuft ein doppeltes gebälkartiges Band den Raum, das bei den Emporen gleichzeitig deren Brüstung, einschließlich Triglyphen, bildet. Auch über den Bogen des Obergeschosses läuft ein solches Band um den gesamten Innenraum, nur hier ist der Abstand zwischen beiden Bändern geringer.

Ihrerseits tragen die tief in den Raum gelagerten Wandpfeiler, deren Vorlagen die Säulen bilden, ein Gebälk, das die Halbbzw. Viertelsäulen beider Geschosse seitlich einfasst und die Bogen trägt.

Die schmalere Nordseite lässt die Tiefe der Längsseiten vermissen. Auch sind die Obergeschossemporen durch eine größere Öffnung miteinander verbunden, als das bei den Seitenemporen der Fall ist. Dort sind nur kleine Türöffnungen als Verbindung geschaffen worden. Das erste Geschoss der Nordseite war der Platz, an dem sich die kurfürstliche Familie während des Gottesdienstes aufhielt. Die herrschaftliche Familie besaß einen separaten Eingang zu dieser Empore, der direkt vom Lindenhaus hierher führte. Daneben gibt es jedoch weitere vier Treppen, die jeweils in den Ecken des Baus liegen, um auf die Emporen und zur Orgel zu gelangen.

Das Tonnengewölbe besitzt eine aus Stein gefertigte kräftige Kassettierung, die in ihrer ornamentalen Art an Beschlagwerk erinnert. Durch runde Fensteröffnungen in der Decke, dem Beschlagwerk angeglichen, wird der Kirchenraum zusätzlich belichtet.

Zum Inventar der Schlosskirche gehören nur wenige Ausstattungsstücke: der Altar samt Retabel, die Kanzel und die Orgel. Der Altar stammt aus dem Jahre 1571 und ist eine Auftragsarbeit für die Schlosskirche von Lucas Cranach d. J. Aus der Werkstatt seines Vaters kommt bereits das Augustusburger Retabel. Das Altarbild ist von einem hölzernen Rahmen umgeben, dessen kunstvolle Schnitzarbeiten von Wolfgang Schreckenfuß stammen. In seiner Dimension nimmt das Retabel fast die gesamte Höhe der südlichen bogenförmigen Nische ein. Einer architektonischen Fassade gleich, tragen jeweils zwei schlanke gekuppelte korinthische Säulen mit verzierten Sockeln auf gestalteten Podesten ein stark gegliedertes und ornamentiertes Gebälk mit Triglyphen und Zahnschnitt sowie verschiedenen Masken. Auf diesem Gebälk wiederum befindet sich eine Architekturrahmung, deren oberer Abschluss einen Dreiecksgiebel bildet. In dieser oberen quadratisch gehaltenen Rahmung liegt in einer Bogenarchitektur – ebenfalls von Lucas Cranach d. J. – das Motiv des Gnadenstuhls: Gottvater, der seinen Sohn auf dem Schoß hält, und die Taube des Heiligen Geistes. Zwei Hermen tragen dieses klassisch anmutende Gehäuse mit einem Fries samt Eierstab und bekrönender Figur mit flankierenden Vasen. Links und rechts neben diesem oberen Aufbau sind das kursächsische und das dänische Wappen angebracht worden, die Wappen des Stifterehepaares August von Sachsen und Anna von Dänemark. Das Rahmenschnitzwerk des Augustusburger Altarretabels wirkt nicht nur durch die kunstvollen Schnitzereien, sondern vor allem durch die Farbigkeit der Arbeit. In den kräftigen Farben des 16. Jahrhunderts dominieren Blau und Gold nicht nur aus nächster Nähe.

Auch die Predella – ohne bildkünstlerischen Schmuck – unter dem Stifterbild ist von einer Rahmung umgeben. Sie enthält in drei Spalten einen lateinischen Spruch zur Erläuterung des gemalten Altarbildes.

Von besonderer Bedeutung ist das Altargemälde von Lucas Cranach d. J. Es misst 3,18 Meter in der Höhe und 2,34 Meter in der Breite. Im Bildmittelteil ist der gekreuzigte Christus zu sehen. Als Dreinageltypus dargestellt, sehen wir ihn nicht mehr als leidenden Christus, sondern bereits als verstorbenen, verdeutlicht durch den düsteren, wolkenverhangenen Himmel. Zu seiner Rechten ist die Ölbergszene dargestellt. Hier sehen wir Christus nach dem Abendmahl, als er zu seinem Vater betete. Drei seiner Jünger sind anwesend, verharren aber im Schlafe bzw. im Gebet. Zur Linken des Gekreuzigten befindet sich die Auferstehungsszene. Christus steht mit Siegesfahne auf seinem Grab. Um ihn herum sitzen und stehen die erschrockenen Soldaten. Ihrer biblischen Abfolge nach sind diese drei wichtigen Szenen des protestantischen Glaubens abgebildet (von links nach rechts). In diesem Sinne – von geschichtlicher Betrachtung – wäre auch die Darstellung der Burg Schellenberg, die einst den heutigen Schlossberg krönte, in diesem Altargemälde zu verstehen.

Im Hintergrund des Gemäldes sind in einer gebirgigen Landschaft, die von einem Fluss, wohl die Zschopau, durchzogen wird, mehrere Burgen und Schlösser zu erkennen. Mit der Burg in der rechten Bildhälfte wurde wahrscheinlich die Burg Schellenberg dargestellt, wie sie vor dem endgültigen Abbruch aussah. Auch auf der linken Bildhälfte ist im tieferen Hintergrund eine Burg zu erkennen, bei der es sich um die Burg Wolkenstein handeln könnte.

Der Gekreuzigte ist in die obere Hälfte des Bildes gesetzt worden. Vor ihm kniet die kurfürstliche Familie in reich geschmückten Gewändern im Gebet. Links befindet sich Kurfürst August mit seinen Söhnen und rechts die Kurfürstin Anna mit den Töchtern. Der Künstler hat alle Kinder des Kurfürsten, die bis zur Fertigstellung des Gemäldes 1571 geboren waren, dargestellt. Die bereits verstorbenen sechs Söhne und drei Töchter haben in typischer Manier ein Kreuz um den Hals, um sie von den noch lebenden zu unterscheiden. Die Gesichter der Dargestellten tragen weich-runde Züge und im Wesentlichen die gleiche Physiognomie.

Altar mit Gemälde von Lucas Cranach d. J., 1571

In der Predella, dem unteren Abschluss des Retabels, ist eine dreispaltige Inschrift zu je 16 bzw. 15 Zeilen angebracht, die auf Anweisung des Kurfürsten von dem Wittenberger Professor Georg Major verfasst worden ist. In lateinischer Sprache wird Bezug genommen auf das im Altarbild Dargestellte: Kurfürst August als gewaltiger Herrscher und Beschützer der wahren Religion, Kurfürstin Anna als keusche, züchtige Gattin und fromme, tugendhafte Frau.

An der östlichen Langseite der Kirche ist die Kanzel um einen Wandpfeiler herumgelegt, so dass dessen vorgelagerte kräftige Halbsäule die tragende Funktion übernommen hat. Zudem ruht die Kanzel auf Konsolen mit Triglyphenornament. Darüber befindet sich ein mit Vasen, floralen Elementen und Medaillons verzierter Schalldeckel. Seine Unterseite zeigt in Wiederholung der oberen Altarszene den Gnadenstuhl in fast genauer Wiedergabe. Dieses kreisrunde Bild scheint – einer Kuppel gleich – von geschnitzten Konsolen getragen zu werden. Die Darstellung des Gnadenstuhls umgeben zehn Putti, welche die Leidenswerkzeuge Christi tragen (Martersäule, Dornenkrone, Kreuz, Speer u. a.). Den äußeren Abschluss dieser farbig gefassten Unterseite (Blautöne) bildet ein goldenes Band aus Eierstab.

Der hölzerne Kanzelkorb, 1573 entstanden, besteht aus sieben Feldern, von denen sechs mit Malereien versehen sind. Das unbemalte Feld an der äußersten linken Seite der Kanzel ist ohnehin schmaler als die anderen und scheint als vermittelndes Element zwischen massiver Wand und inhaltlich gestalteter Kanzelwand zu fungieren. Dieses Feld besaß sicher keine Malerei.

Die sechs Bildfelder sind voneinander durch Hermen und Karyatiden getrennt, deren unterer Abschluss abwechselnd von Pilastern und zopfartigen Stützen gebildet wird, mit Pilastern beginnend. Farbig gefasste Schnitzereien mit Köpfen und Beschlagwerk sowie mit Rüstungen versehene Putti halten die Wappen des wettinischen Hauses. Es sind die 14 Wappen der Besitzungen und Länder sowie Regalien, die die Wettiner seit dem 11. Jahrhundert innehatten.

Die dargestellten Szenen stammen aus der Lebens- und Leidensgeschichte Christi. Das erste Feld zeigt die Verkündigung Mariae, in der zweiten Szene treten drei Hirten in den Stall zu Bethlehem, in dem das Christuskind geboren wurde, um es anzubeten. Maria und Joseph knien vor der Krippe. Als wichtiges und zentrales Thema der Lebensgeschichte Christi bildet die Taufe des Gottessohnes die dritte Szene. Am linken Bildrand stehen, einem Stifterbild gleich, Kurfürst August und seine Gemahlin Anna samt Gefolge. Diese biblische Darstellung weist in Farbigkeit, Kompositionsreichtum und inhaltlichem Ausdruck eine besonders sorgfältige Behandlung auf. Mit der vierten Szene, der Kreuzigung, wird die Leidensgeschichte Christi aufgezeigt, die bereits mit seiner Verhaftung und Geißelung begann. Dieses Bildfeld ist als eigentliche Kanzel, von wo aus der Pfarrer die Predigt verkündet, baulich hervorgehoben. Die Grablegung Christi bildet die fünfte biblische Szene der Kanzel. Die letzte Szene zeigt die Auferstehung Christi.

Kanzel in der Schlosskirche

Orgel in der Schlosskirche

Diese sechs »Lehrbilder« wurden entsprechend der biblischen Abfolge angebracht. Wie beim Altarretabel zeigt sich hier das der evangelischen Kirche eigene Empfinden für die Geschichtlichkeit biblischer Berichte und deren chronologische Darstellung.

Geschaffen wurden die Malereien in der Cranachwerkstatt, stilistisch von geringerer Qualität als das Altargemälde, jedoch nicht unbedeutend. Wer die Schnitzarbeiten der Kanzel schuf, ist nicht überliefert. Da die Kanzelbilder, außer der Taufe Christi, die wohl von Lucas Cranach d. J. selbst gemalt wurde, Arbeiten von Werkstattmitarbeitern Cranachs in Wittenberg sind, so ist Hans Schröer sicher unter diesen Mitar-

beitern zu suchen, so dass er als Schöpfer dieser Kanzelbilder angesehen werden kann.

Die heutige Orgel über dem Altar stammt nicht aus der Entstehungszeit der Kirche. Das ursprüngliche Instrument war ein »kleines Wergklein mit 8 Stimmen« [19] und wurde von Hermann Raphael Rodensteen gebaut, einem Zwickauer Orgelbauer. Bereits im Jahr 1574 musste dieses Instrument überholt werden, da es unter Feuchtigkeit gelitten hatte. Eine Reparatur des Orgelwerkes erfolgte 1627 durch Johann Albert, 1648 durch Johann Forberger, beide aus Chemnitz, und 1681 durch Jeremias Pufendorfer aus Flöha. Bis zum Einbau einer neuen Orgel, wurde es durch Überho-

Die Schlosskirche

lungsarbeiten im spielbaren Zustand gehalten.

Am 10. September 1714 erhielt der in Schellenberg wohnende Organist Georg Renckewitz den Auftrag, eine neue einmanualige Orgel mit 14 Stimmen für 200 Taler zu schaffen, da sich das alte Instrument in einem sehr schlechten Zustand befand. Es ist fast ausgeschlossen, dass Renckewitz ein Schüler Gottfried Silbermanns gewesen ist. Er war wohl eher ein Musiker, der die Orgelbaukunst kannte.

Wahrscheinlich begann Renckewitz gemeinsam mit seinem Schüler Gottfried Bellmann und mit Johann Christoph Schmieder erst 1740 mit dem Bau der neuen Orgel. Im Frühjahr 1751 stand bereits das Gehäuse mit Windlade, etliche Register waren spielbar. Als Renckewitz am 12. August 1758 starb, war das Instrument noch nicht fertiggestellt. Sein Neffe Carl Gottfried Bellmann brachte den Bau im Jahr 1784 zum Abschluss. Es war ein

recht ungewöhnliches Werk: 18 Register (davon 15 klingende Stimmen), 695 klingende Pfeifen, ein Manual und Pedal.

Erste Instandsetzungsarbeiten fanden im Jahre 1860 durch die Orgelbaufirma Göthel aus Borstendorf statt. Die nächstgrößere Veränderung führte die Dresdner Firma Gebrüder Jehmlich 1936 durch, die ein Elektrogebläse einbaute. 1972 kam es zu einer umfassenden Restaurierung, wobei alle Mängel beseitigt und der originale Stimmton hergestellt wurden. Der Zustand des Instrumentes verschlechterte sich dennoch, vor allem durch eine übermäßig starke Staubablagerung. Deshalb wurde im Jahr 1989 die Dresdner Firma Kristian Wegscheider beauftragt, eine komplette Reinigung der Orgel sowie den Ausbau und die Überarbeitung des Pfeifenwerkes vorzunehmen.

Am 19. Juni 1992 wurde das Instrument mit einem festlichen Konzert für Orgel und Trompete wieder eingeweiht.

Die historische Nutzung
des Schlosses Augustusburg

Vom Jagdschloss zur
Gauführerschule

Bereits Ende des 17. Jahrhunderts hatte
Schloss Augustusburg bei den sächsischen
Kurfürsten an Gunst verloren. 1722/23
wurde ein großer Teil der noch vorhande-
nen Jagdtrophäen nach Moritzburg und
Wermsdorf gebracht. Am 15. Juli 1784 er-

Ansicht des Schlosses von Nordwesten.
Getönte Zeichnung von Adrian Zingg, um 1900

folgte die Versteigerung des Kupfers und
Bleis, welches sich besonders im Wasch-
haus und in der Badestube befand, im
September 1784 der Verkauf des Zinns und
Messings. Auch der Rest der Jagdtrophäen,
da einige von ihnen bereits von den Wänden herabgefallen und verschimmelt waren, wurde bis auf einige außergewöhnliche
Exemplare im Frühjahr 1786 zum Verkauf
angeboten.

Im Jahre 1720 fasste man am sächsischen
Hof mit großem Eifer den Plan, nach dem
Muster des Altenburgischen Magdalenen-
stiftes eine Erziehungsanstalt für adlige
Mädchen auf Schloss Augustusburg einzu-
richten. Die Mittel, die man dafür benötigte, sollten durch die erste sächsische Lot-
terie aufgebracht werden, leider wurde
nichts daraus. Nach 1720 trug sich die Gemahlin Augusts des Starken, Christiane
Eberhardine, mit dem Gedanken, eine
Schule oder ein Lehrerseminar auf dem
Schloss zu gründen. Im Jahre 1749 sollte ein
Soldaten-Knaben-Institut und 1775 sogar
ein »Spinnhaus« eingerichtet werden. Ab
1676 war die Augustusburg für fünf Jahre
Garnison, wenig später wurde sie zum
Heim für entlassene Offiziere und kurfürstliche Beamte bestimmt. Seit 1775 dienten einige Räume als Hopfen- und Getrei-
despeicher, 1813 als Militärspital. 1831
durch den Staat erworben, beherbergte das
Schloss danach hauptsächlich Wohn- und
Diensträume der Revierverwaltung, des
Rentamtes und des Amtsgerichtes.

Am 31. August 1863 gründete sich in Augustusburg der »Verein der Naturfreunde«, der sich als Ziel setzte »den Genuß der Naturschönheiten in Augustusburg und Schellenberg und deren Umgebung zu erleichtern, zu fördern und zu erhöhen«. Zu den ersten Vorhaben, welche sich der Verein stellte, gehörten die Nutzung des nordöstlichen Turmes der Augustusburg als Aussichtsturm, die Herstellung von Promenaden, Anlagen und Ruhebänken im Schlossbereich und besonders die Reinigung der Schlossanlagen.

Seit 1864 nutzte der Turnverein Augustusburg den im Erdgeschoss des Hasenhauses gelegenen Saal als Turnhalle. 1870/71 sollte in den Räumen ein Lazarett eingerichtet werden. Seit 1921 ist im ersten Obergeschoss des Sommerhauses eine Jugendherberge untergebracht.

Wenn auch das Innere des Schlosses nicht zugänglich war, so nutzten doch viele Ausflügler aus Nah und Fern die Gelegenheit, die Anlage zu besichtigen. Seit Mitte des 19. Jahrhunderts bestand die Möglichkeit, an einer vom Schlosswärter und gleichzeitigen Restaurantbesitzer veranstalteten Führung teilzunehmen, bei der die Sehenswürdigkeiten des Schlosses und auch das Brunnenhaus gezeigt wurden.

Im Jahre 1926 suchte ganz Deutschland einen Platz zur Errichtung eines »Deutschen National-Denkmals für die im Ersten Weltkrieg Gefallenen«, das dem Andenken der in diesem Krieg Gefallenen geweiht werden sollte. Bei dieser Kampagne gingen ca. 180 Vorschläge beim Reichskunstwart, der dazu aufgerufen hatte, ein. Sachsen schlug das Schloss Augustusburg vor, da »das Reichs-Ehrenmal der Augustusburg

weithin sichtbar« ist.[20] Dieser Vorschlag gelangte auch in die engere Auswahl. Der Reichskunstwart Dr. Redslob besah sich am 24. April 1926 selbst die Anlage.

Der Werbefilm »Die Augustusburg, der Vorschlag des Landes Sachsen für das Reichsehrenmal mit Ehrenhain«, der am 20. Mai 1926 im Gasthaus »Jägerhof« öffentlich gezeigt wurde, sollte die Augustusburg populär machen. Dieser Film erlebte im Juni 1926 vor der Berliner und ausländischen Presse seine Uraufführung. Ende 1926 fiel der Berliner Schiedsspruch, allerdings zu Ungunsten von Schloss Augustusburg.

»Die Augustusburg war in den letzten Monaten in aller Munde [gewesen]. Weit über die Grenzen von Sachsen wurde sie genannt. In ganz Deutschland sprach man davon, daß sie mit Berka und Lorsch in engster Wahl für die Aufnahme des Reichsehrenmals sei. Die Stadt Augustusburg träumte schon davon, ein ästhetischer Hauptzielpunkt des Deutschen Reiches zu werden.«[21]

Nach dem Scheitern der Bemühungen, das Reichsehrenmal zu errichten, wurde im Schloss während der NS-Zeit eine Führerschule, geteilt in SA- und Jugendführerschule, eingerichtet. Sämtlichen im Schloss untergebrachten Institutionen, außer dem Amtsgericht und der Schlossgaststätte, wurde per 1. Juni 1933 gekündigt, da die Räume in allen vier Häusern »zum Betrieb einer Gauführerschule« dienen sollten.

Allerdings mussten zunächst einige Um- und Ausbauten erfolgen. So wurden im Sommer 1933 etwa 120 Häftlinge aus den umliegenden Lagern und Gefängnissen zu diesen Arbeiten eingesetzt. Sie mussten

Schnitt durch das Kernschloss. Plan zur Umnutzung als Gauführerschule von E. Dutzmann

vorwiegend Durchbrüche für neue Türen, Toiletten- und Heizungsanlagen schaffen, Türen zumauern und auch elektrische Anlagen verlegen, Waschanlagen bauen und allgemeine Aufräumungsarbeiten leisten. Der Fürstensaal sollte als Lehr- und Kinosaal dienen. Ein Häftling, der Maler war, musste das Bild Adolf Hitlers in Überlebensgröße an die Wand malen. Auch Korrekturen an der Hasenmalerei wurden vorgenommen. Am 24. Juni 1933 fand die feierliche Einweihung der Gauführerschule statt.

Gleich Anfang Juli war die Schule mit 100 SA-Führern und 100 Jugendlichen belegt. Allerdings war die Besichtigung der Schlossanlage nach wie vor möglich, auch

die SA- und Jugendführerschule stand jedem offen, worauf in der Presse nachdrücklich hingewiesen wurde.

In den Lehrgängen erhielten vorrangig Mitglieder der Hitlerjugend, Amtsverwalter und Bürgermeister in zehn- bis vierzehntägigen Kursen Unterricht für ihre Aufgaben im nationalsozialistischen Staate.

Vom 1. bis 30. September 1933 fand in der »NS-Führerschule des Gaues Sachsen in Augustusburg« der 1. Deutsche Theologen-Lehrsturm statt. Im Auftrag des sächsischen Landeskirchenamtes trafen am 1. September 1933 107 junge Theologen zur Schulung in Augustusburg ein, die durch Vorträge geschult und durch sportliche Übungen gestählt werden sollen. Im September 1933

Die historische Nutzung des Schlosses Augustusburg

war die Schule immerhin mit ca. 300 Schü-
lern belegt. Von Oktober 1935 bis 8. Juli
1938 kamen insgesamt 10 813 Beamte der
sächsischen Verwaltung, der Ministerien
und der Gemeinden zu den Schulungskur-
sen auf die Augustusburg. Am 8. Juli 1938
beging man mit einer Feier die Beendigung
des 100. Lehrganges für Beamte.

Seit Ende 1938 sind Bemühungen nachweisbar, nicht nur sächsische Staats- und
Gemeindebeamte in Augustusburg zu
schulen, sondern auch Reichsbeamte. Seit
1939 wurden 14-Tage-Lehrgänge für poli-
tische Leiter und HJ-Führer, aber auch
Wochenlehrgänge und Sprecherziehung
für Beamte angeboten.

Für den Ausbau der Gauführerschule
lieferte 1936 der Architekt Ernst Dutzmann
Entwürfe, die eine Veränderung der Dächer vorsahen. Glücklicherweise wurden
diese geplanten Umbaumaßnahmen nicht
praktisch umgesetzt, denn sie hätten die
Vernichtung der Malereien im Dachgeschoss zur Folge gehabt.

Nach dem »Anschluss« des Sudetenge-
bietes an Deutschland diente das Schloss
auch als Flüchtlingslager. Seit 1. Juli 1939
war die Schlosskapelle nicht mehr kirch-
lich nutzbar, der Altar durch Fahnen ver-
hängt, um hier nationalsozialistische Trau-
ungen und Festakte durchzuführen.

Drei Tage vor dem Einmarsch der russi-
schen Truppen, am 4. Mai 1945, bemerkte
Hellmuth Krumbiegel, der als Betreiber
der Schlossgaststätte und als einziger
männlicher Bewohner auf der Augustusburg geblieben war, dass ein Sprengkom-
mando der SS an allen im Tanzsaal einge-
lagerten Mobiliar der Alten und Neuen
Reichskanzlei und anderen Sachen Spreng-

patronen angebracht hatte. So waren die
Möbelstücke mit dem Inhalt von ca. 40
Kisten mit je 25 Kilogramm TNT-Stabpa-
tronen umwickelt. In den Räumen neben
dem Tanzsaal befanden sich zu diesem
Zeitpunkt etwa 600 Flüchtlinge.

Es ist wohl Hellmuth Krumbiegel zu
verdanken, dass von diesen Zerstörungsab-
sichten nach einer Unterredung zwischen
dem Leiter der Gauführerschule, und Martin Mutzschmann, Gauleiter Sachsens,
Abstand genommen wurde. Am 5. Mai
1945 zerschnitten die SS-Leute die Ver-
bindungsdrähte der Sprengladungen und
bauten die Zünder aus.

Der Leiter der Gauführerschule, Ober-
führer Hans Seifert, verließ in wilder
Flucht zwei Stunden vor dem Einmarsch
der Roten Armee am 7. Mai 1945 neben
Wehrmacht, Gestapo, Hitlerjugend, SS
und fast allen Bewohnern das Schloss
Augustusburg. Lediglich ein »Kampfkom-
mando« der Wehrmacht, welches dasselbe
verteidigen sollte, blieb, zog sich jedoch
später auch zurück.

Etwa drei Wochen später entdeckten der
Schlosswirt und seine Tochter, dass das
»Fuchsloch« mit dem noch im Schloss her-
umliegenden Sprengstoff vollgestopft war.
Der Sprengtruppenführer wollte zusammen mit einigen Wehrwölfen die Spren-
gung auch noch nach der Kapitulation
durchführen. Allerdings wurde er wenige
Tage nach dieser Entdeckung im Schlosshof verhaftet. Er trug den Befehl zur Spren-
gung des Schlosses noch bei sich.

Seit dem 8. Mai 1945 begann die Bevölkerung von Augustusburg und die dort untergebrachten Evakuierten die Räume des
Schlosses zu plündern. Hellmuth Krum-

biegel wurde am 12. Mai 1945 vom zuständigen Ortssowjet ermächtigt, die Verwaltung des Schlosses zur Erhaltung der noch dort lagernden Werte zu übernehmen. Seit Sommer 1945 waren außerdem etwa zehn Familien mit insgesamt 60 bis 70 Personen im Schloss untergebracht.

Beginn der musealen Nutzung

Bereits 1905 war die Idee aufgekommen, in der Augustusburg ein Museum einzurichten. Darin sollte mit Hilfe von Sachzeugen, Bildern und Text das Erzgebirge so dargestellt werden, wie es sich in seiner landschaftlichen Schönheit, seiner Industrie und seinem Gewerbe sowie seiner Tier-, Pflanzen- und Gesteinswelt zeigte. Allerdings scheiterte das Vorhaben an der Platzfrage. Sechs Jahre später erwachte dieser Museumsgedanke zu neuem Leben. Der Vorschlag, den größten Teil der Gegenstände der Sächsischen Abteilung der Verkehrsausstellung in Berlin in einem auf dem Schloss Augustusburg untergebrachten Museum zu vereinigen, ging auf den Freiberger Bürgermeister Haase zurück. Der »Ausschuß für Errichtung eines Erzgebirgsverkehrsmuseums in der Augustusburg« hielt im Juni 1912 eine Versammlung zur Gründung eines solchen Museums ab, welche großen Zuspruch fand. Die vielen anwesenden Vertreter erzgebirgischer Städte und Gemeinden, von Erzgebirgszweigvereinen sowie aus Handwerk und Industrie beschlossen, das Projekt finanziell zu unterstützen. Bereits zu diesem Zeitpunkt lag vom Sächsischen Finanzministerium die schriftliche Zusicherung

vor, dass die für das Museum benötigten Räume des Hasenhauses auf Staatskosten hergerichtet werden sollten. Vorbehaltlich der Zustimmung der Hauptversammlung des Erzgebirgsvereines, auf der es allerdings am 28. September 1912 zu heftigen Auseinandersetzungen kommen sollte, versicherte auch der Gesamtvorstand des Erzgebirgsvereins seine Unterstützung. Der Erzgebirgszweigverein Augustusburg erklärte sich sofort bereit, den Aufbau und die spätere Verwaltung des Museums zu übernehmen.

Die Museumskonzeption sah zunächst vor, die Ausstellung nach Flusstälern zu gliedern. Innerhalb dieser Täler sollte auf die landschaftlichen Schönheiten, die Baudenkmäler sowie auf die typischen Erzeugnisse und industriellen Produktionen eingegangen werden. Folgende Abteilungen waren geplant: das Müglitztal, die Weißeritztäler, das Freiberger Muldental (Freiberg), das Flöha- und Pockautal, das Zschopautal (Annaberg), das Fichtel- und Keilberggebiet, das Zwönitz- und Schwarzwassertal, das Zwickauer Muldental (Zwickau, Schneeberg), die Stadt Chemnitz, das niedere Erzgebirge. Daneben sollte es noch Abteilungen zur Geologie, zur Flora und zur Fauna des Erzgebirges sowie zur Rubrik »Touristik« geben.

Die Eröffnung des Museums wäre sicher nur noch eine Frage der Zeit gewesen, wenn nicht der Erste Weltkrieg 1914 ausgebrochen wäre. Auf Anordnung des Sächsischen Ministeriums des Inneren wurden die Arbeiten an der Instandsetzung der Museumsräume sofort abgebrochen.

Erst viele Jahre später, und zwar auf der im September 1920 stattgefundenen Ab-

Die historische Nutzung des Schlosses Augustusburg

geordnetentagung des Erzgebirgsvereins, wurde beschlossen, die Arbeiten zur Begründung eines Museums auf der Augustusburg nach der ersten Konzeption fortzusetzen. Allerdings behinderte Annaberg das Projekt, da die Stadt Konkurrenz zu ihrem »Erzgebirgs-Museum« befürchtete. Durch Unterstützung des Gesamtvorstandes des Erzgebirgsvereins kam ein Kompromiss zustande: Im Annaberger Museum sollten die historischen Verhältnisse der Region herausgestellt werden, die Augustusburger Einrichtung hingegen sollte die landschaftlichen und industriellen Besonderheiten verdeutlichen, wofür die Bezeichnung »Erzgebirgs-Schau« als treffender befunden wurde. Dem Namen folgend, verstand sich die Einrichtung nicht als Sammlung von Altertümern, sondern als ein Abbild des Erzgebirges mit seinen landschaftlichen Schönheiten und Eigenarten, den gewerblichen und industriellen Erzeugnissen.

Der speziell für das Museum im Dezember 1920 gegründete Ausschuss, dessen Geschäftsführer der Augustusburger Schuldirektor und Vorsitzende des Erzgebirgszweigvereins, Paul Heinicke, war, wollte den Aufbau des Museums vorantreiben. Neben der Beschaffung von finanziellen Mitteln für die bauliche Instandsetzung der Ausstellungsräume oblag dem Ausschuss im Einvernehmen mit dem Erzgebirgsverein die Aufnahme geeigneter Schaustücke, einschließlich der Bilder.

Per Vertrag vom 23. April 1922 wurden die entsprechenden Räume auf dem Schloss Augustusburg angemietet, welche durch den Erzgebirgsverein ausgebaut werden sollten. Durch die gleichzeitige

Durchführung von Sicherungsmaßnahmen konnte das Schloss am 1. Juli 1922 für Führungen freigegeben werden. Man sah »in der Museumsgründung eben zugleich einen glücklichen Weg zur Erhaltung der Augustusburg überhaupt und insbesondere jener alten Gemälde«[22].

Allerdings war es aufgrund der Inflation nicht möglich, innerhalb von kurzer Zeit alle Räume für die Ausstellung fertigzustellen. Deshalb hatte man beschlossen, eine kontinuierliche, sich fortsetzende Ausgestaltung der einzelnen, zu verschiedenen Zeitpunkten fertig werdenden Räume vorzunehmen.

Aber nicht nur im Inneren vollbrachte der Erzgebirgsverein Beachtliches, sondern auch an den Außenanlagen. Besonders die Gestaltung der Schlosslinde, des Prangers, des Bärenkopfes, der Anlagen an der Schlossbrücke und der Tafel am Bärengarten fand zu jener Zeit statt.

1923 wurden der Hasensaal und sieben daran anschließende Räume, zu deren Erhaltung der Erzgebirgsverein als Nutzer vertraglich verpflichtet war, durch den Dresdner Kunstmaler Karl Schulz restauriert. Nach deren Fertigstellung wollte man noch 1924 einen Teil der Ausstellung der Öffentlichkeit zugänglich machen, wobei das Flussgebiet der Flöha und Pockau als Beispiel für die Gestaltung des gesamten Museums dienen sollte. Allerdings konnte dies wegen fehlender finanzieller Mittel nicht realisiert werden.

Es ist nicht zu klären, ob die zweite Umgestaltung des Museums 1926 unmittelbar mit der geplanten Errichtung des »Reichsehrenmales Augustusburg« zusammenhing. Die neue Konzeption sah eine

Gliederung der Ausstellung in drei Abteilungen vor: in eine wissenschaftliche, eine naturwissenschaftliche und eine geschichtliche. Zuerst gelangte der Besucher in den geschichtlichen Teil der Ausstellung, der Informationen zum Schloss Augustusburg vermittelte. In diesem Teil waren u. a. Bildnisse von Hieronymus Lotter, Kurfürst August, Kurfürstin Anna und anderen Wettinern zu sehen. Jagdgeräte und Hirschgeweihe sollten an den ehemaligen Charakter des Jagdschlosses erinnern. In der zweiten Abteilung sollten besonders das Gewerbe und die Industrie herausgehoben werden. Daran schloss sich die dritte Abteilung mit der Darstellung der erzgebirgischen Pflanzen-, Tier- und Gesteinswelt an. Der geplante Komplex über die Arbeit des Erzgebirgsvereins war allerdings auch 1930 noch nicht vollendet.

Die Besucherzahlen der Ausstellung von 1928 scheinen die Verantwortlichen zufriedengestellt zu haben, obwohl »noch nicht öffentlich eingeladen worden war, da die Ausstellung, soweit sie fertiggestellt ist, noch manches Unzulängliches aufweist«[23]. Dennoch wurden bereits mehr als 12000 Besucher in der Ausstellung gezählt. Im folgenden Jahr steigerte sich die Anzahl sogar um weitere 2000.

1929 gründete sich die »Gesellschaft der Augustusburg-Freunde«, eine Art Förderverein, der sich zum Ziel stellte, »zur Erhaltung und zum Ausbau der Augustusburg als Hort deutscher Kultur, Kunst und Wissenschaft, als Wallfahrtsort für Deutsche im In- und Ausland tatkräftig beizutragen, zugleich auch die Aufwärtsentwicklung der Stadt und der Umgebung zu fördern«. Er unterstützte u. a. die Restaurierung der Schlosskirche.

Der am 31. Januar 1922 geschlossene Mietvertrag legte auch fest, dass die dem Erzgebirgsverein unentgeltlich zur Errichtung eines Museums zur Verfügung gestellten Räume jederzeit gekündigt werden können. Dies trat im Juni 1933 ein. Der Erzgebirgsverein hatte die Zimmer unverzüglich zu räumen. Der Fürstensaal wurde bis zum 10. Juni 1933, alle übrigen Räume bis zum 4. Juli 1933 freigemacht. Alle dem Museum zur Verfügung gestellten Gegenstände gingen an ihre Eigentümer zurück, museumseigene Ausstellungsstücke wurden im Schlossbergmuseum Chemnitz eingestellt.

Mitglieder der »Gauführerschule« versuchten ein eigenes Museum einzurichten, das eine ideologische Funktion im Sinne des Nationalsozialismus erfüllen sollte.

Museen und Ausstellungen

Das Museum für Jagdtier- und Vogelkunde des Erzgebirges

Bereits 1945/46 ist unter schwierigen Bedingungen begonnen worden, ein neues Museum aufzubauen. Die Initiative ergriff hauptsächlich Erich Ficker, der besonders nach den ausgelagerten Gegenständen suchte. In diesem Zusammenhang kamen die im Schlossbergmuseum Chemnitz verwahrten Ausstellungsstücke und Vitrinen nach Augustusburg zurück, allerdings wurden 21 Gemälde beschlagnahmt und nach Pillnitz gebracht.

1947 eröffnete schließlich das Heimatmuseum in den Nebenräumen des Hasensaales und im Fürstensaal. Die heimatkundliche Ausstellung gliederte sich in die Abteilungen Geologie, Biologie, Volkskunde und Schlossgeschichte.

Da kaum noch Ausstellungsstücke vorhanden waren, begann der aus Oederan stammende Studienrat Johannes Uhlig mit dem Aufbau einer Geologischen, einer Schaupräparatesammlung und einer Sammlung einheimischer Vögel sowie mit dem Anlegen von Herbarien. Nachdem dieser wieder in den Schuldienst getreten war, beschloss der Kreislehrerrat, den ehemaligen Lehrer Fritz Westphal als Museumsleiter einzustellen, 1953 folgte ihm Erich Ficker. 1955 bis 1984 übernahm Rudi Gränitz die Leitung des Museums.

1956 wurde das »Heimatkundliche Kreismuseum« in »Heimatmuseum Schloß Augustusburg« umbenannt. Bis 1959 erfolgte eine umfassende Neugestaltung des Museums, welches sich schließlich aus den Abteilungen Schlossgeschichte, Jagdgeschichte, Kreisgeschichte, Geschichte der Arbeiterbewegung und Naturkunde zusammensetzte. Im Rahmen des letztgenannten Bereiches konnte 1962 im Fürstensaal eine Ausstellung zur Thematik »Vögel unseres Waldes« aufgebaut werden.

Durch eine erneute Umgestaltung des »Heimatmuseums Schloß Augustusburg« wurde am 19. September 1969 das »Museum für Jagdtier- und Vogelkunde des Erzgebirges« eröffnet. 1983 schloss die im Fürstensaal befindliche Abteilung »Vögel unseres Waldes« und eröffnete in veränderter Konzeption am 15. Juni 1985 als die »Vogelwelt des Erzgebirges«.

In dieser noch heute vorhandenen Form wird viel Wissenswertes aus der Biologie, Ökologie und Verbreitung ausgewählter Tierarten des Erzgebirgsraumes vermittelt. Der besondere Reiz des Museums resultiert aus der Präsentation der rund 120 Tierarten in Dioramen, die deren natürlichem Lebensraum nachgestaltet sind. Viel Wert wird auch auf die Darstellung typischer Verhaltensweisen der Tiere in Bild, Grafik und Ton gelegt.

Die Räume des Museum umgeben den kunsthistorisch wertvollen Hasensaal im ersten Obergeschoss des Hasenhauses.

Gleich im ersten Raum, links vom Saal, wird der Feldhase in zwei Kleindioramen vorgestellt. Der Besucher erfährt, dass unsere Hasen heute weniger unter dem »Joch der Jäger« als unter der modernen Großfelderwirtschaft zu leiden haben. Der übrige

Diorama »Junghasen am Feldrain«

Teil dieses Raumes ist den wichtigsten hei-
mischen Marderarten gewidmet, die in vier
Dioramen und Vitrinen zu sehen sind.
Während Hermelin, das im weißen Win-
ter- und braunen Sommerfell gezeigt wird,
und Steinmarder relativ häufig sind, stehen
Baummarder und Iltis in Sachsen als ge-
fährdete Arten auf der »Roten Liste«.

Auch im folgenden Raum werden Jung-
tiere, Fuchswelpen am Bau in einem separaten Diorama und Dachswelpen mit der
Fähe (Mutter), gezeigt. Besondere Ansprü-
che an die Dioramagestaltung stellt die

nächtliche Lebensweise des Dachses. Hier
wurde eine Mondscheinnacht nachgestaltet. Ein Altfuchs auf Mäusejagd im Schnee
rundet die Vorstellung dieser beiden ver-
breiteten Beutegreifer unserer Heimat ab,
die mitunter sogar einen gemeinsamen Bau
bewohnen können.

Zu den beachtlichsten Präparaten, die
in der Jagdtierausstellung gezeigt werden,
gehört sicher der Wildschweinkeiler, der
in einem Erlenbruchwaldszenarium steht.
Ihm gegenüber treten Frischlinge aus einem künstlichen Fichtendickicht hervor.

Diorama »Jungfüchse vor dem Bau«

Auf einer Tafel wird der Zusammenhang zwischen Fortpflanzungsgeschehen und Nahrungsangebot durch Baummast (Eiche und Buche) schematisch dargestellt, der auch die starke Vermehrung des Wildschweinbestandes in den letzten Jahrzehnten erklären hilft. Für alle, die selbst auf Entdeckung im Wald gehen möchten, sind in diesem und den nachfolgenden Räumen die Trittsiegel (Fährten) der vorgestellten Säugetiere zu sehen.

Unsere häufigste Wildart, das Reh, kann man im nächsten Raum in einem Groß-diorama (Rehbock und Ricke) betrachten. Eine Wandvitrine erklärt die altersabhängige Gehörnfolge des Rehwildes und Gehörnmissbildungen, wie z. B. den Perücken-bock. In einem Kleindiorama sind zusätzlich zwei Rehkitze zu sehen.

Das Prachtstück der Ausstellung ist der mächtige Rothirsch, der in einem Groß-diorama auf einer Waldlichtung steht. Eine Tonanlage ermöglicht es dem Besucher, die Brunftschreie des Hirsches zu hören. Besonders interessant ist auch die Serie von Abwurfstangen eines Rothirsches aus dem

Diorama »Kapitaler Rothirsch«

Revier Kühnhaide, die über fünf Jahre lückenlos den Gehörnaufbau belegt.

Auf der rechten Seite des Hasensaales sind jagdbare Vogelarten näher vorgestellt. Der Besucher trifft zuerst auf Waldschnepfe und Ringeltaube. Während die Waldschnepfe besonders in abgelegenen Waldmooren des oberen Erzgebirges brütet und mit ihrem Lebensraum heute selten geworden ist, kann man die Ringeltaube noch häufig beobachten. Sie brütet frei in den Kronen von Fichten. Ein Kleindio-

rama zeigt Tauber und Täubin in einem Baumwipfel sitzend.

Der anschließende Raum ist zwei Arten feuchter Lebensräume gewidmet. Die Bekassine, wegen ihres markanten Balzfluges auch »Himmelsziege« genannt, benötigt feuchtes Grünland, das nur extensiv genutzt wird. Auch sie ist heute stark gefährdet und wird in Sachsen praktisch nicht mehr bejagd. Stabile Bestände nicht nur in der freien Landschaft, sondern zunehmend auch in den Städten weist die Stockente, unsere häufigste Entenart, auf. Während in den anderen Räumen zu jagdbaren Vögeln nur einzelne Eier der Arten jeweils in einer kleinen Schauvitrine gezeigt werden, ist von der Stockente ein Nest mit komplettem Gelege zu sehen.

Im Ausstellungsteil »Vogelwelt des Erzgebirges« werden typische Vogelarten in ihren wichtigsten Lebensräumen im Erzgebirge vorgestellt. Er bietet eine Vielzahl an Informationen über Landschaft und Waldgeschichte des Erzgebirges. In dieser Ausstellung werden in kritischer Weise auch ökologische Probleme des Erzgebirgsraumes, wie das Aussterben von Vogelarten in Folge menschlicher Einflüsse und das Waldsterben, benannt. Die 28 gekonnt gestalteten Dioramen stellen, überwiegend nach typischen Lebensräumen geordnet, markante Vogelarten der Erzgebirgsregion vor. Eine große Reliefkarte am Eingang wird gern vom Besucher zur Orientierung genutzt. Der Weißstorch auf seinem Horst, der auf der linken Seite steht, konnte 1994 als »Vogel des Jahres« diesen Platz erhalten. Ein typischer »Erzgebirgler« ist er indessen nicht, obwohl im Erzgebirge und im Vorland inzwischen fünf Brutplätze existieren. Traditionell wird in der ersten Vitrine rechts des Einganges der »Vogel des Jahres« vorgestellt. Eine Tonanlage verleiht der jeweiligen Vogelart auch Stimme. Im hinteren Teil des Saales ist das Kurzvideo »Ornithologische Kostbarkeiten im Erzgebirge« zu sehen.

Besonderen Informationswert erhält dieser Ausstellungsteil durch Karten, die jeweils die aktuelle und teilweise auch frühere Verbreitung der vorgestellten Vogelarten im sächsischen Erzgebirge darstellen.

Diese Karten konnten dank der Beobachtungsmeldungen vieler Freizeit-Ornithologen der Region, die über Jahre beim Aufbau einer umfangreichen Kartei halfen, erarbeitet werden.

Im vorderen Teil des Raumes auf der rechten Seite sind typische Vögel des Gebirges zu sehen. Besonders eindrucksvoll ist das große Uhudiorama. Es zeigt einen Altvogel und zwei Junge in einer Felsnische. Aber auch der Sperlingskauz, unsere kleinste Eule, findet die Sympathie der Besucher. Ein Beispiel für Vogelarten, die durch die Umgestaltung des Erzgebirges in eine Kulturlandschaft ihres Lebensraumes beraubt wurden und ausstarben, ist das Haselhuhn, das im unberührten Erzgebirgswald lebte. Auf einer Wandfläche wird die Geschichte des Aussterbens, aber auch der Wieder- und Neuansiedlung von Vogelarten im Erzgebirge dargestellt.

Das Diorama zu Wintergästen zählt zu den gestalterisch gelungensten der Ausstellung. Der Einsatz eines speziellen Kunst-

Diorama »Wintergäste« (Ausschnitt)

Diorama »Eisvogel vor der Brutwand«

ße Schwarzspecht Altholz zur Anlage seiner
Bruthöhle und vor allem rote Waldameisen
als Nahrung braucht, brütet der Sperber
gern in den dichten Kronen der Fichten.
Offenere Waldflächen nach Kahlschlag
und junge Anpflanzungen geben Baumpie-
per und Heidelerche Lebensraum. Der attraktive Tannenhäher ist im Erzgebirge so-
wohl als Brutvogel, der sich überwiegend
von Haselnüssen ernährt, als auch als Win-
tergast aus Sibirien anzutreffen. Noch
strenger auf eine Nahrungsquelle spezia-
lisiert sind die Fichtenkreuzschnäbel, die
an Fichtenzapfen hängend gezeigt werden.

Gleich eine ganze Vogelgemeinschaft
stellt das Diorama »Vögel des Fichtenwal-
des hassen auf den Rauhfußkauz« dar. Der
Rauhfußkauz, eine Kleineule der oberen
Gebirgslagen, wird von verschiedenen
kleinen Singvögeln (Sommer- und Winter-
goldhähnchen, Tannen- und Hauben-
meisen, Erlenzeisig, Buchfink) angegriffen.
Diese Verhaltensweise bezeichnet man als
»hassen«.

Der Mensch hat im Erzgebirge nicht
nur Lebensräume vernichtet, sondern auch
neue geschaffen. In der vielgestaltigen
Feldflur mit dornigen Hecken lebt der
Neuntöter. Er legt seine Beutevorräte an,
indem er sie auf Dornen spiest. Diese
Verhaltensweise brachte ihm auch seinen
Namen ein. Die Feldlerche, die im Diorama auf einem Stoppelfeld sitzt, kann auch
in der ausgeräumten Agrarsteppe erfolgreich brüten.

Nicht nur Haussperling, Hausrot-
schwanz und Rauchschwalbe sind dem
Menschen bis in die Siedlungen gefolgt.
Auch die Schleiereule ist auf menschliche
Bauwerke als Brutplatz angewiesen, was

stoffes ermöglichte eine verblüffend wirk-
lichkeitsnahe Schneeimitation.

Etwas weiter werden die drei typischen
Vögel der Gebirgsflüsse vorgestellt. Der ge-
radezu exotisch bunt wirkende Eisvogel
sitzt vor seiner Brutröhre in der lehmigen
Wand eines Uferabbruches, während die
Wasseramsel an ihrem kugel- bis back-
ofenförmigen Nest posiert. Ein Kleinod ist
auch die gelbe Gebirgsstelze.

Der nachfolgende Ausstellungsabschnitt
ist typischen Vogelarten verschiedener
Waldbiotope gewidmet. Während der gro-

Diorama »Schleiereule mit Jungen im Dachgebälk«

schließen sich noch zwei Räume mit jagdbaren Vogelarten an. Die attraktiven Jagdfasane wurden aus Asien hier eingeführt und konnten vorwiegend im Gebirgsvorland erfolgreich angesiedelt werden. Sie benötigen aber ständige Bestandsstützungen durch den Jäger. Das heimische Rebhuhn leidet in ähnlicher Weise unter der Intensivierung der Landwirtschaft wie der Feldhase. Erst in jüngerer Zeit hat sich der negative Bestandstrend örtlich etwas gebessert. Der Besucher erfährt aus einer schematischen Darstellung, dass diese Niederwildart im Jahresverlauf ganz unterschiedliche Lebensräume in der Feldflur benötigt.

Am Ende der Jagdtier-Exposition stehen zwei besonders attraktive Rauhfußhuhn-Arten. Der große Auerhahn, der ebenso wie die Birkhähne balzend im Diorama dargestellt wird und dessen Balzlaute über eine Tonanlage zu hören sind, ist im Erzgebirge beinahe ausgestorben. Wie eine Karte der historischen und aktuellen Verbreitung zeigt, wird diese ehemals häufig vorkommende Art heute nur noch selten an einer Stelle im Westerzgebirge beobachtet. Ein ähnliches Schrumpfen des Verbreitungsgebietes ist auch beim Birkhuhn festzustellen, obwohl die verbleibenden Vorkommen in den letzten Jahren zunächst gesichert werden konnten. Wie sich letztlich das besonders dramatische Waldsterben in den verbleibenden Verbreitungsgebieten auf diese Offenlandart auswirken wird, ist noch ungewiss.

durch die jungen Eulen im Dachgebälk dargestellt wird. Die Türkentaube konnte sich gar erst in jüngerer Zeit bis in das Erzgebirge ausbreiten und besiedelte zuerst die Städte.

Zurückgekehrt aus diesem Ausstellungsteil, in dessen mittlerem Bereich seit 1995 zweimonatlich wechselnde Sonderausstellungen in acht Vitrinen gezeigt werden,

Das Motorradmuseum

Das Zweitakt-Motorrad-Museum auf
Schloss Augustusburg entstand in den
Jahren 1958 bis 1961 auf Initiative des VEB
Motorradwerk Zschopau und eröffnete
am 1. Oktober 1961. Die Möglichkeit, dieses
Museum auf großer Fläche anzulegen,
gestattet eine komplexe Betrachtung der
Motorradgeschichte, welche nicht nur auf
Zweitaktmotorräder reduziert ist. Beson-

Ältestes Motorrad der Welt (Rekonstruktion)

ders durch eine jahrelange Zusammenarbeit mit der Motorradindustrie und durch
eine verstärkte Sammlungs- und Restau-
rierungstätigkeit gelang es, einen umfangreichen musealen Bestand zu schaffen.
1985 und 1988 erfuhr das Museum eine
Erweiterung und inhaltliche Neugestaltung.

Heute bietet es auf zwei Etagen einen
umfassenden Überblick über die mehr als
hundertjährige Geschichte des Motorrades.
170 Hauptexponate und zahlreiche Musealien aus dem Umfeld des Kraftfahrzeug-
baues belegen anschaulich die technik-
geschichtliche Entwicklung des motorisier-
ten Zweirades von den Anfängen bis zur
Gegenwart.

Der allgemeine entwicklungsgeschichtliche Bereich im Erdgeschoss des Küchenhauses ist gekennzeichnet von einer an-
spruchsvollen Kollektion der wesentlichs-
ten und interessantesten Konstruktionen
aus den ersten fünf Jahrzehnten des Motorradbaues. Viele Raritäten, herausragende
Ingenieurleistungen auf dem Gebiet der
Motorradtechnik allgemein und der Motor-
radsporttechnik bieten eine Informations-
vielfalt, geprägt durch eine Vielzahl von
Unikaten, die ihresgleichen sucht.

Besonders die Abteilung Zweitakt-Motorräder im ersten Obergeschoss des Küchenhauses ist eine international anerkann-
te Fachausstellung, die den bedeutenden
historischen Einfluss des Zweitaktmotors
auf die Massenmotorisierung und seine
technische Entwicklung darstellt. Der maß-
gebliche Beitrag des Motorradbaues aus
der nahe gelegenen Stadt Zschopau erfährt
hier seine geschichtliche Würdigung und
gibt der Exposition ihren besonderen Reiz.

Die Ausstellung insgesamt gehört in
ihrer Komplexität zu den bedeutendsten
und anspruchsvollsten Zweiradsammlun-
gen Europas.

Motorradgeschichte Im Erdgeschoss des
Küchenhauses wird dem Besucher die
technische Entwicklung des Motorrades
von den ersten Modellen bis hin zum
vollwertigen, technisch ausgereiften und
erschwinglichen Individualverkehrsmittel
dargestellt. Beendet wird der Rundgang in
diesem Bereich mit einer Präsentation von
ausgewählten Sportfahrzeugen.

Der Besucherrundgang beginnt im Fo-
yer. In diesem technisch aufwendig gestal-

teten Raum finden wechselnde Sonderausstellungen statt. Zwei- bis dreimal im Jahr
werden dem Besucher unter dem Motto
»Das besondere Motorrad« ausgewählte
Themen der Motorradgeschichte detailliert vorgestellt.

Dazu dient als Informationssystem eine
Monitoranlage und eine zentral angeord-
nete Drehscheibe, auf der die technischen
Besonderheiten optimal gezeigt werden
können.

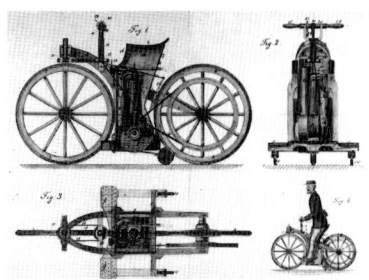

Daimler-Petroleumreitwagen 1885. Prinzipskizze

Gleichzeitig beginnt aber auch in diesem
Raum der entwicklungsgeschichtliche Teil
der Ausstellung. Ein gasbetriebener Statio-
närmotor, entwickelt von Nicolaus Otto
(1832–1891), bildet die Grundlage für den
Beginn des »Motorradzeitalters«. Der von
Otto konstruierte und 1874 in der Motoren-
fabrik Deutz produzierte Gasmotor arbei-
tet nach dem Viertaktprinzip mit Vorver-
dichtung und ist somit der Urahn aller im
Fahrzeugbau bis heute eingesetzten Vier-
takt-Ottomotoren.

Im ersten Ausstellungsraum ist die
Entwicklung vom Laufrad des Freiherrn
von Drais (1817) über das Tretkurbelrad,
das Hochrad, das Nieder-Sicherheitsrad
bis hin zum ersten Serienmotorrad der
Welt an Hand von sechs Exponaten dargestellt.

Mit dem Nieder-Sicherheitsrad (Lawson
1879) war die zweckmäßige Form des Fahr-
rades gegeben, um durch den Einbau eines
schnelllaufenden Verbrennungsmotors das
erste Motorfahrzeug zu schaffen. Zwei
Männer, Gottlieb Daimler (1834–1900)
und Wilhelm Maybach (1846–1929), bauten und erprobten 1885 den »Daimler Reit-
wagen mit Petroleummotor« und somit das
erste Motorfahrzeug des Welt. Der »Reit-

wagen« wurde nur in einem Versuchsmo-
dell hergestellt und ist bei einem Fabrik-
brand in Cannstatt 1903 vernichtet worden.
Im Museum ist eine originalgetreue Kopie
dieses Fahrzeuges zu sehen.

Nachdem von Daimler und Maybach
der prinzipielle Weg zum Einspurfahrzeug
aufgezeigt war, beschäftigten sich andere
fortschrittliche Techniker mit der Weiterentwicklung. So entstand in der Münchner
»Motorradfabrik Hildebrand & Wolfmüller« 1894 das erste Serienmotorrad der Welt.
Außerdem war es Hildebrand, der den
Begriff »Motorrad« einführte und patent-
rechtlich schützen ließ. Auch dieses technisch interessante, geschichtlich bedeutende und sehr seltene Motorrad ist hier zu
sehen.

Mit der »Hildebrand & Wolfmüller« war
das Motorrad prinzipiell erfunden. Die
ständige Suche nach neuen, besseren technischen Lösungen zur Verringerung der
Störanfälligkeit und einem günstigeren
Betriebsverhalten mobilisierte in der Ent-
stehungsphase des Kraftfahrzeuges weltweit beachtliche technisch-schöpferische
Potenzen.

Hildebrand & Wolfmüller. Erstes Serienmotorrad 1894

Erschwerend wirkte sich aber aus, dass die Erfinder, Techniker und Produzenten jener Zeit in starkem Maße gegen Voreingenommenheit und Technikangst kämpfen mussten. Die Zeit nach der Jahrhundertwende war dennoch geprägt von der Suche nach technischen und technologischen Neuerungen im Fahrzeugbau. Luftgefüllte Reifen, Kugellager, Kettenantrieb, Freilaufnabe, elektromagnetische Zündungen, Zerstäubungsvergaser, Kardanwellenantrieb, erste Federungssysteme und Schaltgetriebe wurden entwickelt und in die Serienproduktion überführt. Daraus resultierte die relative Vervollkommnung des Motorrades, die für weltweites Interesse am Zweiradfahrzeug schlechthin sorgte.

Vor diesem geschichtlichen Hintergrund wurde der zweite Ausstellungsraum gestaltet. An Hand von 15 hochkarätigen Originalexponaten kann der Besucher die technische Entwicklung von 1900 bis 1925 im Detail nachvollziehen. Zusätzlich befindet sich hier eine Tankstellenszene aus der Zeit um 1932. Besonders interessante Motorräder in diesem Raum stellen die »Laurin Klement« von 1899, die »Linser Zeus« von 1902, die »Wanderer« von 1910 und die belgische »FN« von 1910 mit einem Vierzylinder-Viertaktmotor dar.

Nach dem Ersten Weltkrieg erhielt das Motorrad zu Beginn der Zwanzigerjahre eine neue Bedeutung. Speziell in Deutschland wurde das motorisierte Zweirad unge-

Museen und Ausstellungen

Tankstellenszene

heuer populär. Zahllose Motorradhersteller drängten auf den Markt und wollten das »große Geld« verdienen. Der Kampf um die Gunst der Käufer und die Suche nach dem optimalen Motorrad erzeugte eine beispiellose konstruktive Vielfalt, förderte die Entwicklung, führte aber auch oft in wirtschaftliche und technische Sackgassen.

Am Markt durchsetzen konnten sich letztlich nur die Unternehmen, die solide, wirtschaftliche und zuverlässige Motorräder anboten. Hersteller mit minderwertigen Konstruktionen oder die, die den technisch-konstruktiven Aufwand zu weit trieben, blieben auf der Strecke. Im folgenden Raum werden dem Besucher typische Beispiele solcher Hersteller, die interessante,

technisch aufwendige Konstruktionen entwickelten und produzierten, diese aber nur bedingt wirtschaftlich verwerten konnten, präsentiert.

Megola-Zweiradauto von 1922

Autounion DKW UL 500. Rennmaschine von 1938

Ein sehr gutes Beispiel ist das »Megola Zweiradauto« von 1922. Die »Megola« ist eine der anspruchsvollsten Konstruktionen, die nach 1920 auf den Markt kamen. Der Name leitete sich aus den Anfangsbuchstaben der Hersteller und Konstrukteure Meixner, Gockerell und Landgraf ab. Das Fahrzeug selbst ist eine geniale Ingenieurleistung, die aber um ihrer selbst willen das Ziel verfehlte. Der Fünfzylinder-Viertakt-Sternmotor bildet die Vorderradnabe und rotiert mit. Aufgrund dieser Konstruktion ließen sich weder Kupplung noch Wechselgetriebe realisieren. Aus heutiger Sicht stellt die »Megola« aber ein einzigartiges Denkmal der Motorradgeschichte dar.

Folgende weitere Beispiele dieser Entwicklung sind im Museum der Augustusburg zu besichtigen:

– Böhmerland Langtourer von 1928: mit 2,70 Meter längstes Serienmotorrad, bietet Platz für drei Personen.
– Windhoff von 1929: in Blockbauweise gefertigtes Motorrad mit Vierzylinder-Motor.
– Mauser »Einspurauto« von 1929: mit Kabinendach versehenes Motorrad mit Stützrädern.

In den Zwanziger- und Dreißigerjahren war Sachsen ein bevorzugter Standort für die Motorradproduktion in Deutschland. Bis zu 58 Firmen versuchten sich mit der Fertigung und Vermarktung von Motorrädern auf sächsischem Territorium.

Neben vielen Firmen, die nur sehr kurze Zeit existierten, gab es aber auch eine ganze Anzahl von Herstellern, die den Ruf des sächsischen Motorradbaues durch hervorragende Qualität und technische Leistungen weltweit prägten. Der folgende

Museen und Ausstellungen

Autounion DKW – Modelle 1932–1940

Raum ist diesen Firmen gewidmet. Gezeigt werden Fahrzeuge der Firma Wanderer, DKW, OD, Diamant und Elite.

Im nächsten Abschnitt sind deutsche Viertaktmotorräder der Zwanziger- und Dreißigerjahre zu besichtigen. Bedeutende Motorräder von BMW, NSU, Imperia, Victoria und D-Rad geben Auskunft über die Geschichte und die technischen Qualitätsparameter der genannten Hersteller.

Um 1900 setzte nach zögerlichem Beginn eine stürmische Entwicklung des Motorradbaues in England und in den USA ein. 1914 gab es in England 55 Motorradfirmen, in den USA 40, in Deutschland hingegen nur 20. In den Zwanzigerjahren boten dann schon rund 150 englische Hersteller durchschnittlich acht verschiedene Modelle an.

Englische und amerikanische Motorräder galten als erstklassig und solide. Viele Hersteller in Europa bezogen Motoren, Getriebe, Vergaser und anderes Zubehör aus England oder den USA und werteten damit ihre Fahrzeuge auf. Im folgenden Raum werden anhand ausgewählter Fahrzeuge die englischen und amerikanischen Motorradhersteller vorgestellt. Zu sehen sind u. a. ein Harley-Davidson-Gespann aus dem Jahr 1927, eine H. J. S., eine Matchless und eine Brough-Superior in sehr gut restauriertem Zustand.

Den Abschluss des Rundganges im Erdgeschoss bildet die faszinierende Welt des Motorsports. Gezeigt werden erfolgreiche Wettbewerbsfahrzeuge der Zwanziger- bis Siebzigerjahre. Die meisten Sportfahrzeuge sind Unikate und gehören zu den wertvollsten Exponaten der Samm-

IFA-RT 125 von 1953

lung. So sind u. a. eine der berühmten DKW-Ladepumpenrennmaschinen UL 500 und einige der erfolgreichen MZ-Werksrennmaschinen, insgesamt 20 Renn- und Geländemaschinen zu sehen. Besonders zu beachten ist die »Megola« in Rennausführung, mit der Toni Bauhofer 1924 die deutsche Meisterschaft im Straßenrennsport gewann.

Zweitakt-Motorräder Im ersten Obergeschoss des Küchenhauses werden die technisch-historische Bedeutung des Zweitaktmotors im Motorradbau und die Entwicklung des Zschopauer Motorradwerkes anhand von Exponaten und Informationstafeln interessant und allgemein verständlich dargestellt.

Die technische, technologische und ökonomische Entwicklung des Motorrades zu einem erschwinglichen Massenverkehrsmittel wurde wesentlich durch das Zschopauer Motorradwerk mitbestimmt. Gründer des Unternehmens war der aus

DKW-Reichsfahrtmodell 1922

Museen und Ausstellungen

MZ ES 250 Gespann von 1956

Dänemark stammende Jörgen Skafke Rasmussen, der 1907 in Zschopau eine Maschinenfabrik gründete. Nach dem Ersten Weltkrieg wurde, bedingt durch fehlende Treibstoffe, mit der Entwicklung von Dampfkraftwagen begonnen. Abgesehen von einigen Prototypen kam eine Produktion nicht in Gang. Was aber blieb, war ein geschützter Markenname – DKW – abgeleitet aus den Anfangsbuchstaben von Dampf – Kraft – Wagen. Diese drei Buchstaben sollten Weltbedeutung erlangen.

Der Beginn der Fahrzeugproduktion war 1920 mit der Entwicklung des 1 PS Fahrradhilfsmotors »Das kleine Wunder« gegeben. Mit dem Bau des »Reichsfahrtmodells« begann 1922 die eigentliche Motorradproduktion in Zschopau.

In den nächsten Räumen wird die technische und wirtschaftliche Entwicklung von DKW in der Zeit von 1920 bis 1932 anhand von 14 Originalfahrzeugen und vielen Originaldokumenten belegt.

Im Jahre 1928 waren 60 bis 65 Prozent aller deutschen Motorräder DKWs bzw. wurden von DKW-Motoren angetrieben. Die Motorradproduktion lag inzwischen bei 60 000 Stück und machte DKW zur größten Motorradfabrik der Welt. Erfolgsträger jener Zeit war die DKW E 200, das erste im Fließbandverfahren produzierte Motorrad überhaupt. Dieses Fahrzeug ist in der Ausstellung ebenso zu sehen wie die Zweizylinder-Zweitaktkonstruktion Z 500 und das einzige in wenigen Stücken produzierte Viertaktmotorrad – die DKW Schüttoff.

MZ-Rennmotorräder 1960–1970

Rapide Absatzrückgänge, bedingt durch die Weltwirtschaftskrise Anfang der Dreißigerjahre, brachten auch für die Firma DKW massive wirtschaftliche Probleme. Da es den anderen sächsischen Fahrzeugherstellern ähnlich erging, kam es 1932 zum Zusammenschluss der Firmen Audi, DKW, Horch und Wanderer zur Autounion AG Chemnitz.

Die Entwicklung von DKW in der Autounion wird im folgenden Abschnitt veranschaulicht. Zu sehen sind elf Originalfahrzeuge aus dieser Epoche, beginnend mit dem ersten unter Autounion produzierten Fahrzeug, der Block 350, bis hin zur Wehrmachtsausführung der NZ 350 aus dem Jahr 1944.

Ein besonderer Blickfang in diesem Bereich ist die Präsentation der überaus erfolgreichen und technisch sehr aufwendig konstruierten Vorkriegsrennmaschine Autounion DKW UL 500.

Aber nicht nur DKW baute Motorräder mit Zweitaktmotoren. In weiteren drei Räumen werden die »Konkurrenzprodukte« der Firmen Puch, Ardie, Dunelt, Stock, Scott, Triumph, Schliha, New Hudson, D-Rad, Beier, Hickel und Cockerell gezeigt. Obwohl die genannten Fahrzeuge alle mit Zweitaktmotoren ausgerüstet sind, sind sie von der konstruktiven Ausführung so unterschiedlich, dass dem interessierten Besucher die ganze Vielfalt der technischen Möglichkeiten des Motorradbaues in den

Museen und Ausstellungen

Zwanziger- und Dreißigerjahren aufgezeigt wird. Ein besonderes Stück Technikgeschichte stellt die dreisitzige Böhmerland mit dem Liebisch Zweitaktmotor aus dem Jahr 1938 dar. Das Fahrzeug ist ein Unikat und wurde im Museum restauriert.

Die letzten beiden Räume im ersten Obergeschoss sind dem Zschopauer und dem DDR-Motorradbau in der Zeitspanne von 1950 bis 1995 gewidmet. Gezeigt werden vom ersten Nachkriegsmotorrad, der IFA RT 125, über die erste Nachkriegseigenentwicklung, die BK 350, bis hin zur viertaktgetriebenen MZ R 500 zehn Serienprodukte der Firma MZ. Zusätzlich sind Fahrzeuge der Firma Simson (AWO 425 und AWO 425 S), vom Eisenacher Motorenwerk (EMW R 35) und vom Industriewerk Ludwigsfelde (Berliner Roller SR 59) zu sehen.

Besonders interessant und faszinierend sind aber die ausgestellten MZ-Straßen-renn- und Geländemotorräder. So international bekannte Rennfahrer wie Horst Fügner, Ernst Degner, Mike Hailwood oder Heinz Rosner verschafften den schnellen Rennzweitaktern aus Zschopau durch zahlreiche Siege auf den Rennstrecken Weltgeltung.

Auch im Geländesport wurden große Erfolge erzielt. So konnte in den Sechzigerjahren die internationale Six Days (Enduro-Mannschaftsweltmeisterschaft) gleich sechsmal durch MZ gewonnen werden. Zusätzlich wurden zahlreiche Europameisterschaftstitel nach Zschopau geholt. Unvergessene Fahrer wie Horst Lohr, Werner Salevsky, Peter Uhlig, Frank Schubert und Harald Sturm sind untrennbar mit einer ganzen Reihe von Erfolgen im Geländesport verbunden. Die ausgestellten Originalfahrzeuge vermitteln einen kleinen Überblick über die technische Entwicklung im Geländesport bei MZ.

Das Kutschenmuseum

Zur Geschichte der Sammlung In zwei der ehemaligen Stallungen ist seit 1961 das Kutschenmuseum untergebracht. Der Gedanke, hier ein solches Museum einzurichten, entstand schon Ende der Fünfzigerjahre. Zu diesem Zeitpunkt hatten die verbliebenen Kutschen des Königlichen Marstalls zu Dresden noch keine würdige Bleibe gefunden. Der Erhaltungszustand vieler Fahrzeuge muss sehr bedauernswert gewesen sein, zudem waren auch Verluste zu beklagen. Mit der Überführung von Moritzburg nach Augustusburg und der schrittweisen Konservierung und Restaurierung dieser wertvollen Kutschen konnte ein Grundstock für diese Sammlung gelegt werden. Als Ergänzung zu den Galawagen erwarb das Museum noch einige Stadt- und Gesellschaftswagen. Zusammen mit anderen Musealien aus dem historischen Umfeld bestand die Ausstellung fast 30 Jahre, ohne eine Veränderung zu erfahren.

Auch die restauratorische und museologische Arbeit ruhte in dieser Zeit fast völlig. Erst 1991 ließen der vorhandene Bestand und die Bereitstellung von finanziellen Mitteln den schon seit Jahren gefassten Gedanken, die technisch verschlissene Ausstellung durch ein neukonzipiertes Museum zu ersetzen, Wirklichkeit werden.

Das neugestaltete Kutschenmuseum Eine wichtige Voraussetzung hierfür stellte die gründliche Sanierung der Ausstellungsräume dar. Bei der Umsetzung dieser Aufgaben konnten denkmalpflegerische Forderungen und gestalterische Vorstellungen sowie konzeptionelle und klima-technische Aspekte gut miteinander vereint werden.

Einen sehr guten Hintergrund zur Präsentation der Kutschen und Schlitten bilden die rauhverputzten, hellen Wände im Zusammenhang mit der freigelegten Holzbalkendecke und dem teilweise rekonstruierten Stallfußboden aus Natursteinen. Die Erläuterungen zu den einzelnen Fahrzeugen sind sehr transparent gestaltet. Sie bilden gleichzeitig eine Abgrenzung zu den Besuchern und lassen den Raum dennoch großflächig erscheinen. Als Kontrast zum schlichten Ambiente steht die Präsentation der Staats-Berline auf einer hellen Marmorfläche.

Der Hintergrund ist durch stelenartige, fast raumhohe Spiegelflächen optisch erweitert, welche auf ihrer Rückseite gleichzeitig die Informationsträger aufnehmen. Die »Inszenierung« des Umfeldes der Staats-Berline ist natürlich nicht als künstliche Veranschaulichung einer bestimmten historischen Situation anzusehen, vielmehr soll der künstlerische Wert und der Respekt vor den Leistungen vergangener Generationen besser verdeutlicht werden. Die verwendeten modernen Materialien wie schwarzes Metall, Chrom und Glas geben von ihrer eigenen Optik allein eine zurückhaltende Sachlichkeit wieder.

Bei der konzeptionellen Planung des Museums stand der Gedanke der Prägnanz und leichten Erfassbarkeit für den Besucher im Vordergrund. Die Erläuterungen zum Umfeld des Themas Kutsche beschränken sich deshalb auf die wichtigsten Bereiche. Anhand von kurzen Textpassagen, aufgelockert durch bildliche Darstellungen, kann sich der Besucher über die

Landauer, um 1900 erbaut von P. Prüstel

technische Entwicklung der Fahrzeuge, das Boten- und Postwesen, über die Reisebedingungen der vergangenen Jahrhunderte, die Themen »Stadtverkehr und Mietwagen« sowie »Kutsche und Etikette« informieren. Im Textteil »Wagenbau und Stellmacher« werden besonders die Kutschentypen des 19. Jahrhunderts durch Musterblätter einer Dresdner Wagenfabrik erläutert.

Eine Zeittafel am Eingang gibt einführend und abschließend die Möglichkeit, die historischen Fakten miteinander zu verbinden und einzuordnen.

Der Rundgang Die gesamte Ausstellungsfläche nimmt zur Zeit ca. 340 Quadratmeter in Anspruch. Der erste Raum des Museums beinhaltet vor allem Stadt- und Gesellschaftswagen aus der zweiten Hälfte des 19. Jahrhunderts. Zwei Landauer sind hier ebenso ausgestellt, wie ein Rockway, ein Sociable, ein Break und ein kleiner Parkwagen.

Der Landauer ist ein universal einsetzbares und in fast allen gesellschaftlichen Kreisen des 19. Jahrhunderts weit verbreitetes Kutschenmodell. Die Bezeichnung Landauer hat nichts mit dem Herstellungsort der Kutsche gemein, sondern geht auf eine historische Begebenheit zurück. Kaiser Joseph I. reiste zu Beginn des 18. Jahrhunderts mit einem Wagen, dessen Dach sich auch schon zweiteilig aufklappen ließ, zur Inspektion seiner Truppen nach Landau.

Technisch und handwerklich besonders interessant ist ein sehr filigraner Patent-

Berline. Staatswagen, um 1790 erbaut von J. C. Ginzrot

wagen, auch Oppenheimer genannt. Den
Blickfang bildet eine Privat Coach der
Berliner Hof-Wagenfabrik J. Neuss, um
1850 gebaut, die zehn Personen Platz bot.
Die Konstruktion dieser Kutsche ist fast

Privat Coach. Aktiengesellschaft Jos. Neuss,
Berlin, um 1880

baugleich mit der einer regulären Postkut-
sche aus jener Zeit. Die Privat Coach, auch
Drag genannt, ist ein für gepflegte Kutsch-
fahrten (coaching club) leicht abgewan-
deltes öffentliches Verkehrsmittel gewesen.
Die oberen Sitzbänke eigneten sich gut als
Zuschauersitz bei Pferderennen, und die
großen Staufächer hatten viel Platz für
Picknickkörbe.

Den Schwerpunkt im zweiten Raum bilden Kutschen des 18. und 19. Jahrhunderts,
aus dem ehemaligen Marstall zu Dresden.
Das repräsentativste Stück ist hier zweifellos die Berline, um 1790 von J. C. Ginzrot
aus Straßburg gefertigt. Dieser Staatswagen diente als erster Gesandtschaftswagen
des sächsischen Hofes zur Kaiserkrönung

Museen und Ausstellungen

Berline. Galawagen, 1876/77 erbaut von Heinrich Gläser

von Leopold II. 1790 in Frankfurt am Main. Zu diesem Anlass gaben noch weitere Fürstenhäuser ähnliche Wagen bei Ginzrot in Auftrag.

Ebenfalls erwähnenswert sind zwei Coupés und eine Gala-Berline der bekannten Dresdner Hof-Wagenfabrik Gläser. Diesen ursprünglich vergoldeten Galawagen fertigte der Hofwagenbauer Heinrich Gläser 1876/77 für den Königlichen Marstall in Dresden. Zwischen 1865 und 1903 lieferte die Königliche Hofwagenfabrik allein 125 Wagen und sieben Schlitten an den sächsischen Hof.

An diesen Wagen lässt sich sehr gut die traditionelle Konstruktion herrschaftlicher Kutschen erkennen, die trotz technischer

Weiterentwicklung auf ihrem historisch gewachsenen Erscheinungsbild des beginnenden 19. Jahrhunderts verharrten. Die Staatlichen Kunstsammlungen Dresden stellten diesen Teil der Ausstellung als Dauerleihgabe zur Verfügung.

Neben den hochrangigen Wagen werden hier noch zwei Schlitten, eine Sänfte, ein einspänniger Phaeton aus dem 18. Jahrhundert und eine Feuerspritze gezeigt. Diese fahrbare Feuerlöschpumpe ist von La War 1802 speziell für das Schloss Augustusburg angefertigt worden. Mit Ledereimern füllte man den Wasserkasten ständig auf, an dessen Seiten die Druckschläuche angeschlossen werden konnten, um das Löschwasser in größere Höhen zu bringen.

Ausstellungsräume in der Ausstellung zur Jagd und Hofhaltung

Ausstellung zur Jagd und Hofhaltung

Einführung Nach über 30 Jahre währenden Sanierungs-, Restaurierungs- und Rekonstruktionsarbeiten konnte das zweite Obergeschoss des Hasenhauses jetzt erstmals der Öffentlichkeit zugänglich gemacht werden. Die ursprünglich für die Unterbringung von fürstlichen Jagdgästen des sächsischen Hofes geschaffenen Appartements sind sehr behutsam zu einem musealen Bereich umgestaltet worden. Die einstige sparsame Ausstattung der Stuben und Kammern sowie die bedeutenden Wandmalereien setzten hierfür enge Grenzen. Durch die Verwendung von Glasstelen und

fast raumhohen Vitrinen, welche auch die rekonstruierte Trophäenausstattung bewusst in die Gestaltung mit einbeziehen, konnte eine sensible Museumseinrichtung verwirklicht werden. In Wendebüchern fanden die Ausführungen Platz, die flächig gestaltet den originalen Raumeindruck beeinträchtigt hätten. Das Zentrum der Ausstellung bildet der erstmals öffentlich zugängliche Venussaal mit seinen illusionistischen Wandmalereien von Heinrich Göding.

Der Rundgang Der Saal Die Darstellung des »Venusbergs« als vollständige Raumausmalung ist als einzigartig in der Wandmalerei des 16. Jahrhunderts im deutschen

Museen und Ausstellungen

Sprachraum zu bezeichnen. Ein Bogen teilt diesen Raum in zwei Hälften. Im vorderen Teil, wie auch in den angrenzenden Stuben, wird das dieses Eckhaus prägende Hasenthema mit der »Wiedererlangung der Macht der Jäger« in Form einer Supraportenmalerei zu Ende geführt. Den fensterlosen hinteren Hauptraum beschreibt eine Chronik aus dem Jahre 1725 als »Venusberg« und »Nachtstück«, das bei künstlicher Beleuchtung besser zu erkennen sei als bei Tag. Auf diese Weise kommentiert die Chronik den ikonographischen Hintergrund sowie die Gesamtwirkung der Ausmalung.

Im Saal selbst beschränkte sich die ursprüngliche Möblierung auf eine Kiste für Bettzeug. Nur die Nähe zum Tanzsaal als

herrschaftlichem Vergnügungsort könnte vage Vermutungen wecken, wie dieser Raum genutzt wurde. Mittels einer Licht-Ton-Anlage werden dem Besucher Ausmalung und historischer Hintergrund erläutert. Zu Leben und Werk des Hofmalers Heinrich Göding informieren die Wendebücher im vorderen Teil des Saales.

Hier ist auch der Kredenztisch (Ende 16. Jahrhundert) von Giovanni Maria Nosseni zu sehen. Dieser aus Serpentin und Marmor gefertigte Steintisch diente ursprünglich zur Präsentation von Serpentin- und Alabastergeschirr. Kurfürst August hatte ihn für Schloss Lichtenburg in Auftrag gegeben. Später wurde er aber im Residenzschloss in Dresden aufgestellt.

Waschkasten und Kredenz in dem Ausstellungsraum zur Hofhaltung

Der Südausbau Diese Stube ist inhaltlich der kurfürstlichen Hofhaltung im 16. Jahrhundert gewidmet. Anhand von historischen Anweisungen des Kurfürsten werden die ursprüngliche Funktion des Schlosses, seine Ausstattung und die Hofstrukturen jener Zeit veranschaulicht. Verschiedene Tischgegenstände und Möbel ergänzen das Thema.

Der so genannte Waschkasten war ein Ausstattungsstück von Speiseräumen und Hofstuben des 16. Jahrhunderts und diente der Reinigung der Hände während der Mahlzeit. In dem zinnernen Waschbecken hing ursprünglich die Blase mit einem kleinen Wasservorrat.

Der jetzige Zustand des Möbels ist der Neorenaissance des 19. Jahrhunderts geschuldet. Unter Verwendung der geschnitzten Paneele und der Wasserblase fertigte man es neu an. Solche Gegenstände werden als Pastizzo bezeichnet. Etwas ungewöhnlich erscheint die Schubladenkredenz aus dem Jahre 1647. Sie konnte zum Auf-

Museen und Ausstellungen

»Waffenkammer« in der Ausstellung zur Jagd und Hofhaltung

bewahren des Tafelgeschirrs, das auf der Platte angerichtet wurde, verwendet werden. Eine Besonderheit stellt die mit dem Möbel fest verbundene Sitzgelegenheit dar, die wahrscheinlich der Tischdiener benutzte.

West- und Nordausbau Die Jagd als wichtiges Element fürstlichen Lebens und die Entschlossenheit, wie dieses Jagdprivileg durchgesetzt wurde, sind Gegenstand und Thema der beiden letzten Stuben. Künstle-

risch wertvolle Jagdwaffen und Werkzeuge des 16. und 17. Jahrhunderts aus den Staatlichen Kunstsammlungen Dresden belegen diese Haltung anschaulich.

Hervorzuheben ist ein Gartenbesteck, von Ulrich Jahn, nach 1571 gefertigt. Es besteht aus Plötze, Scheide und Besteck (Messer, Pfropfsäge, Weinmesser, Pfriem, Bohrer, Raspel, Meißel, Pfropfbein). Solche Werkzeuge dienten zur Veredlung (Pfropfen) von Obstbäumen und Ziergehölzen. Das ausgestellte Besteck stammt aus dem

Umschlagseiten vom Jagdregister Johann Georgs I., Mitte 17. Jh.

Besitz der Familie von Schönberg. In der Dresdner Rüstkammer existiert ein Parallelstück desselben Meisters mit den Wappen des kurfürstlichen Paares.

Kurfürst August selbst beschäftigte sich mit der Gartenkunst und wird hierzu ähnliche Gerätschaften verwendet haben. 1572 verfasste er ein »Künstlich Obst- und Gartenbüchlein«.

Kammern Einen Einblick in die Entwicklung und die Technik der Jagdwaffe vom 17. bis zum 20. Jahrhundert gibt in einem weiteren Abschnitt der Ausstellung die Waffensammlung des Schlosses Augustusburg. Sie enthält alle wichtigen Etappen der Waffengeschichte – von der Armbrust über die Steinschlosswaffen bis hin zur modernen Jagdwaffe unserer Zeit.

Galerie im Turm

In der Turmstube des Lindenhauses befindet sich eine kleine Galerie, die sich mit Wechselausstellungen verschiedenen künstlerischen Genres widmet.

Außerdem bietet sich von diesem höchsten zugänglichen Punkt des Schlosses Augustusburg ein sehr schöner Rundblick auf die Landschaft des Vorerzgebirges und den Erzgebirgskamm.

Baugeschichtsausstellung

Im Treppenaufgang zur Turmstube des Lindenhauses kann man sich auch außerhalb der Schlossführungen anschaulich über die interessante Baugeschichte und Geschichte des Schlosses vom 16. bis zum 20. Jahrhundert informieren. Zeitgenössische Schriften und Abbildungen umrahmen die wichtigsten Ereignisse der über vierhundertjährigen Schlossgeschichte.

Ausstellungsraum in der Turmstube des Lindenhauses

Ausstellung »Erzgebirgische Traditionen«

Das Spielwarenverlegerhaus Oehme, Waldkirchen Der Nachlass des Spielwarenverlegers Carl Heinrich Oehme bildet die Basis dieser kleinen Ausstellung in der ehemaligen »Frauenzimmerbadestube« im Lindenhaus. Neben dem typisch erzgebirgischen Spielzeug ist hier auch ein nachgestaltetes Kontor zu besichtigen.

Vielen Verlegern ist es zu verdanken, dass erzgebirgische Spielwaren seit dem 19. Jahrhundert fast in der ganzen Welt zu finden sind. Sie reisten mit Musterblättern und Musterkoffern zu den wichtigen Messeplätzen in Europa, um für die vielen kleinen Spielzeughersteller im Erzgebirge Aufträge zu erhalten. Ihr Kapital und ihre weitreichenden Handelsbeziehungen sowie das Geschick der Spielzeugmacher sind die Pfeiler des Verlagswesens jener Zeit gewesen.

Augustuskeller

Das Schlossrestaurant

Die Gastronomie

Staatlicher Schlossbetrieb Augustusburg – Vermietung von Räumlichkeiten –

Hasensaal (nutzbar ab Museumsschluss, Reihenbestuhl., 150 Pl.) ab DM 300,00
unterer Lindenhaussaal (nutzbar ganztägig u.a. für Ausstellungen) ab DM 300,00
Haferboden (ca. 750 m^2, nutzbar ganztägig im Sommer) ab DM 500,00
Eheschließungsräume (40 Plätze)
ab DM 250,00
Schlossinnenhof ab DM 1000,00
Wirtschaftshof ab DM 500,00
Freifläche Steinbruch ab DM 500,00

weitere Räume:
Schlossrestaurant bis 250 Plätze
(u.a. Saal 120 Plätze, kleiner Saal, Weinzimmer, Jagdzimmer)
Augustuskeller (bis 100 Plätze)

Museen und Ausstellungen

Glockenturm mit Südportal

Gastronomie

Die Linde am Schloss

Wegen ihres Alters gehört auch die Linde, welche zu Füßen des nach ihr benannten Lindenhauses steht, zu den Sehenswürdigkeiten des Schlosses. Sie soll bereits 1421 gepflanzt worden sein. Die Sage berichtet von einem Angeklagten, der seine Unschuld durch ein Gottesurteil bewies. Er pflanzte ein Lindenstämmchen mit der Krone ein und erwartete, dass die Wurzel sich mit Blättern schmückte. Das Wunder geschah, und er war freigesprochen.

1549 wurden die mächtigen, fast in horizontaler Richtung wachsenden Äste zum ersten Mal gestützt. 1556 ließ Kurfürst August sie durch seinen Hofsteinmetzen Hans Kramer zum zweiten Mal mit 80 Stämmen stützen. Eine dritte Stabilisierung erfolgte 1577 nach Plänen von Paul Buchner und Hans Irmisch und eine vierte 1644. Um den hohl werdenden Stamm vor Regenwasser zu schützen, versah man ihn 1669 mit einer kupfernen Haube. 1671 besaß die Linde einen Stammumfang von ca. acht Metern, eine Ausbreitung der Äste von 112 Metern, und sie wurde durch 77 steinerne Pfeiler gestützt. Durch Absterben der Äste verringerte sich bald ihr Umfang.

Im 18. und 19. Jahrhundert wurden die jeweils faul gewordenen Teile des hölzernen Unterstützungsrostes nach Erfordernis durch neues Holzwerk ersetzt. Der Rost selbst ruhte auf Säulen, die aus Ziegelsteinen aufgemauert waren. Ein heftiger Sturm am 22. Mai 1891 zerstörte diese, und auch einige Hauptzweige der Linde brachen ab. Danach wurde der Rost mit mächtigen Holzstämmen erneuert und die kupferne Haube instand gesetzt. Im Frühjahr 1897 sind die von den Hauptästen emporgewachsenen Schösslinge zurückgeschnitten worden.

Auch während des 20. Jahrhunderts waren mehrfach Arbeiten an der Linde notwendig, um sie weiterhin zu bewahren.

Folgende Doppelseite: Augustusburg von Osten

Die Linde am Schloß

Anhang

Anmerkungen

(SHStA = Sächsisches Hauptstaatsarchiv)

1 Codex diplomaticus Saxoniae II., Urkunden-
buch des Hochstiftes Meißen, hrsg. von E. G.
Gersdorf, Bd. 1, Leipzig 1864, Urkunde 74.

2 SHStA: Geheimes Kabinett 492. Die Wiederherstellung der Schloßgebäude zu Augustusburg, 1797-1802, Bl. 166a.

3 SHStA: Geheimes Finanzkollegium Loc.
35801, Augustusburg Nr. 3, Copial des Neuen
Schellenbergischen Schloßbaues, 1567-1569,
Bl. 304a-305. zitiert als: Copial Schloßbau

4 SHStA: Geheimes Archiv Loc. 4450, Augustusburg, Schloßbau, 1567-1579, Bl. 3a. zitiert
als: Schloßbau

5 Ebenda, Bl. 48b.

6 Ebenda, Bl. 236b.

7 Copial Schloßbau, Bl. 374a.

8 Hermann, Ernst: Chronicon Augustoburgensis, das ist Augustusburgische Chronik und Beschreibung des Churfürstlichen Sächsischen
Jagdhauses Augustusburg, um 1725, Bl. 722
zitiert als: Chronicon Augustoburgensis

9 Schloßarchiv Augustusburg: XVII/6, Erzgebirgsmuseum in der Augustusburg, 1912-1931.
Von der Erzgebirgsschau auf der Augustusburg i. Erzgebirge. Jahresbericht auf 1928.

10 Vgl. Berling, Karl: Der kursächsische Hofmaler und Kupferstecher Heinrich Göding, in:
Neues Archiv für sächsische Geschichte, Bd. 8,
1887, S. 305.

11 Chronicon Augustoburgensis, Bl. 1078-1079.

12 Ebenda, Bl. 1091.

13 Ebenda, Bl. 723-724.

14 Ebenda, Bl. 725.

15 Ebenda, Bl. 731.

16 Schloßbau, Bl. 83b.

17 SHStA: Copial 345, Bl. 192b.

18 Schloßbau, Bl. 319a.

19 SHStA: Loc. 35801, Die Fertigung einer
Orgel in der Schloßkirche ufm Schellenberge,
1569, Bl. 6a.

20 Vgl. Schloßarchiv Augustusburg: II/D52, Die
Errichtung eines Reichsehrenmales,
1925-1926.

21 Vgl. ebenda.

22 Erzgebirgsmuseum. Das Museum in der
Augustusburg. Sonderdruck aus dem April-
Glückauf 1913.

23 Erzgebirgsmuseum. Von der Erzgebirgsschau
auf der Augustusburg i. Erzgebirge. Jahresbericht auf 1928.

Zeittafel

1206/31. März Erste urkundliche Erwähnung von »Wolfgang u. Petrus fratres de Schellenberg« als Zeugen einer Urkunde

1324 Ächtung von Heinrich von Schellenburg und Einziehung seines Besitzes; Herrschaft Schellenberg wird Besitz des Markgrafen von Meißen

1421 Pflanzung der Linde

1528 und 1547 Zerstörung von Teilen der Burg Schellenberg durch Brand

1568/30. März Grundsteinlegung (Sommerhaus) des Schlosses Augustusburg durch Lotter

1568 Errichtung einer Wasserkunst

1570 Juni – 1572 November Ausmalung der Räumlichkeiten des Schlosses Augustusburg durch Heinrich Göding

um 1570 Planung zur Errichtung einer Fürstenschule in der Nähe der Augustusburg

1571 Oktober Aufstellung des von Lucas Cranach d. J. gemalten Altarbildes in der Schlosskirche

Ende 1571 Entlassung Lotters als Oberbaumeister der Augustusburg

Anfang 1572 Übernahme der Bauleitung durch Roch von Linar

1572 30. Januar – 2. Februar Einweihung der Schlosskirche

1573 Errichtung der Kanzel in der Schlosskirche

1577 Fertigstellung des Brunnenbaues

1614 Anbringung des Löwenwappens (Johann Georg I.)

1632/22. August Plünderung des Schlosses durch kaiserliche Soldaten während des Dreißigjährigen Krieges (1618 – 1648)

1667/68 Renovierung einiger Räumlichkeiten (besonders Lindenhaus)

1670 Entfernung einiger Bleiplatten aufgrund der Restaurierung der Galerie

1704 Inhaftierung von 418 Polen und Schweden während des Nordischen Krieges

1714/10. September Vertrag zur Fertigung einer Orgel für die Schlosskirche mit dem Organisten Renckewitz

1722/18. März u. 1723/14. Juni Transport von 330 Geweihen von Augustusburg ins Neue Palais nach Wermsdorf

1722 Renovierung des Brunnenhauses und der Stallgebäude (Abtragung der Erker am Stallgebäude)

1722/23 Die umfangreiche Geweihsammlung des Schlosses wird nach Schloss Moritzburg gebracht

1757 Erschießung des letzten Bärens im
Bärengarten durch Bewohner der Stadt

1776 Abtragung der Galerie

1797 – 1801 Umbau und Wiederherstellung
des Schlosses (Veränderung der Dachzone nach Plänen von Christian Traugott Weinlig)

1813 Errichtung eines Lazarettes in den
Räumen des Schlosses

1831 Einrichtung von Wohn- und Dienst-
räumen der Revierverwaltung, des Rentamtes und des Amtsgerichtes

1831/27. Februar Brand des Brunnenhauses

1864 Jan. – Mitte 1933 Der Turnverein
Augustusburg nutzt den Saal im Erdgeschoss des Hasenhaues als Turnhalle

1876/1. August Frau Emma Henriette
Kießling stürzt sich bei einer Führung
in den Schlossbrunnen.

1899/1. Mai Umbennung der Stadt Schellenberg in Augustusburg

1907 Aufstellung des von Hans Hartmann-
Maclean geschaffenen »Märchenbrunnens« im Innenhof

1921 – 1933 Nutzung des Sommerhauses
als Jugendherberge

1933 – 1945 Nutzung des Schlosses als
Gauführerschule

1945/7. Mai Vor dem Einmarsch der Roten
Armee wurden Sprengsätzen zur Vernichtung des Schlosses angebracht.

1947 Das Schloss steht unter Verwaltung
des Ministeriums für Volksbildung

1951 Eröffnung eines Kreismuseums im
ersten Obergeschoss des Hasenhauses

1952 Januar Die Hauptverwaltung der
Staatlichen Museen, Schlösser und
Gärten übernimmt die Verwaltung des
Schlosses

1961 Beginn der Restaurierung des Hasen-
saales
Eröffnung des Zweitakt-Motorrad-
Museums im Küchenhaus und des
Kutschenmuseums im Stallgebäude

1965 Beginn der Rekonstruktion und
Restaurierung des Venussaales

1986 Einbau von Eheschließungsräumen
im Wirtschaftsgebäude

1987 Beginn der Freilegung der Wandmalerei in der Affenstube

1988 Eröffnung des Aussichtsturmes im
Lindenhaus mit Galerie und Bauausstel-
lung

1993 Übernahme der ehemals zum Kreis
Flöha gehörigen Schlossverwaltung
Augustusburg als Staatlicher Schloss-
betrieb in das Landesamt der Finanzen

1994 Einbau eines Videovorführraumes im zweiten Obergeschoss des Küchenhauses

1996 Freilegung von Grundmauern der Burg Schellenberg bei Bauarbeiten im Schlosshof

1997/2. Februar Eröffnung der Ausstellung zur Jagd und Hofhaltung im zweiten Obergeschoss des Hasenhauses

Quellenverzeichnis (Auswahl)

Geheimes Finanzkollegium Loc. 35801, Augustusburg Nr. 3, Copial des Neuen Schellenbergischen Schloßbaues, 1567 bis 1569 [zitiert als: Copial Schloßbau].

Geheimes Archiv Loc. 4450, Augustusburg, Schloßbau, 1567 – 1579 [zitiert als: Schloßbau].

Hermann Ernst, Chronicon Augustoburgensis, das ist Augustusburgische Chronik und Beschreibung des Churfürstlich Sächsischen Jagdhauses Augustusburg, um 1725 [zitiert als: Chronicon Augustoburgensis].

Geheimes Finanzkollegium Augustusburg Nr. 8 Loc. 35801: Cammer Acta Die Bau- und Reparatur-Kosten bey denen Schloß-Gebäuden zu Augustusburg betr., 1746 – 1764.

Geheimes Finanzkollegium Augustusburg Nr. 23 und 24, Bau und Wiederherstellung beim Schlosse Augustusburg, 1797 – 1802.

Literaturverzeichnis (Auswahl)

Augustusburg. Merkwürdigkeiten des Schlosses, der Stadt und der Umgebung. [1952].

Bergner, Johann August: Beschreibung des ... Schlosses und ... Städtchens Schellenberg. Chemnitz 1778.

Berling, Karl: Der kursächsische Hofmaler und Kupferstecher Heinrich Göding, in: Neues Archiv für sächsische Geschichte, Bd. 8, 1887, S. 290 – 346.

Freyer, Coelestin: Die einstigen Malereien in der Augustusburg, in: Neues Archiv für sächsische Geschichte, Bd. 7, 1886, S. 297 – 326.

Freyer, Coelestin: Schloß Augustusburg mit seiner näheren und weiteren Umgebung. Schellenberg 1882.

Gränitz, Rudi: Schloß Augustusburg, Berlin/Leipzig 1984 (seit 1959 mehrere Auflagen).

Günther, Britta: Eine verschwundene Wehranlage – die Burg Schellenberg, in: Burgenforschung aus Sachsen, H. 9, 1996, S. 63 – 70.

Hoppe, Stephan: Die funktionale und räumliche Struktur des frühen Schloßbaues in Mitteldeutschland 1470 – 1570. Köln 1996 (= 62. Veröffentlichung der Abteilung Architekturgeschichte des Kunsthistorischen Instituts der Universität zu Köln).

Schloß Augustusburg 1572 – 1972. Baugeschichte und denkmalpflegerische Instandsetzung. 1972.

Sieber, Werner: Schloß Augustusburg. Augustusburg 1990.

Unbehaun, Lutz: Hieronymus Lotter. Kurfürstlich-sächsischer Baumeister und Bürgermeister zu Leipzig. Leipzig 1989.

Schütz, Julius Ernst von: Historisch-öconomische Beschreibung von dem ... Schloß und Amte Augustusburg ... Leipzig 1770.

Bildnachweis

Escherich, B. & I., Chemnitz: S. 13, 47, 50, 73, 75, 76, 104 unten, 113

Foto-Weber, Augustusburg: S. 31, 36, 107

Francke, Reimund: S. 89

Hempel: S. 58, 106, 108, 109

Landesamt für Denkmalpflege: S. 23, 34 oben, unten, 44, 46, 64, 80

Rümmler, S. & M.: S. 38, 52 rechts, 63, 66, 86, 87, 91, 95 oben, 97, 111

Schloss Augustusburg, Fotoarchiv: S. 8, 10, 14, 15, 18, 21, 22, 29, 30, 35, 40, 41, 48, 49, 50, 51 oben, unten, 52, 57, 59, 62, 65, 68, 70, 78, 88, 90, 93, 95 unten, 98 oben, unten, 99, 100, 110, 115, 116, 117

Schlösserverwaltung Dresden: S. 1, 6/7, 27, 32/33, 55, 92, 112

Schulze, T.: S. 60, 61 oben, unten

Seemann Verlag, Leipzig: S. 20

Skojan, M.: S. 94, 96, 103, 104 oben, 105

Sächsische Schlösserverwaltung

im Landesamt für Finanzen
Stauffenbergallee 2, 01099 Dresden
Telefon: (03 51) 8 27 46 32, Fax: (03 51) 8 27 46 02
Internet: www.sachsen.de/schloesser

*So erreichen Sie Sachsens
schönste Schlösser, Burgen und Gärten*

Dresdner Zwinger
Stallhof
Brühlsche Terrasse/Kasematten
Großer Garten
Schloss und Park Pillnitz
Postanschrift:
Staatliche Schlösser und Gärten Dresden
Schloss Pillnitz
Fliederhof/Kapellenflügel
01326 Dresden
Tel.: (03 51) 2 61 32 60, Fax (03 51) 2 61 32 61
*siehe Stadtbeschilderung Dresden; öffentlicher
Nahverkehr, Elbdampfer*

Barockschloss Rammenau
Am Schloss 4
01877 Rammenau
Tel./Fax: (0 35 94) 70 35 59
*A 4 Dresden–Bautzen (Abfahrt Burkau);
B 6 Dresden–Bischofswerda–Bautzen
(ab Bischofswerda in Richtung Autobahn)*

Burg Stolpen
Schlossstraße 10
01833 Stolpen
Tel.: (03 59 73) 2 34 10, Fax (03 59 73) 2 34 19
*B 6 Dresden–Bischofswerda (von der B 6
entsprechend der Ausschilderung)*

Festung Königstein
01824 Königstein
Tel.: (03 50 21) 6 46 07, Fax (03 50 21) 6 46 09
*B 172 Dresden–Königstein–Schmilka; S-Bahn
Dresden–Königstein–Schöna; Elbdampfer*

Barockgarten Großsedlitz
Parkstraße 85
01809 Heidenau
Tel.: (0 35 29) 5 63 90, Fax (0 35 29) 56 39 99
*B 172 Dresden–Pirna (in Heidenau weiter wie
Ausschilderung); S-Bahn Dresden–Heidenau/Groß-
sedlitz-Schöna*

Schloss Weesenstein
Am Schlossberg 1
01809 Müglitztal
Tel.: (03 50 27) 54 36, Fax (03 50 27) 55 52
*B 172 Dresden–Pirna (in Heidenau Abzweig Alten-
berg); S-Bahn Dresden–Schöna (in Heidenau-Nord
umsteigen Richtung Altenberg)*

Schloss Moritzburg
01468 Moritzburg
Tel.: (03 52 07) 87 30, Fax (03 52 07) 8 73 11
*A 4 Dresden–Bautzen (Abfahrt DD-Wilder Mann);
A 13 Berlin–Dresden (Abfahrt Radeburg) - jeweils
weiter wie Ausschilderung; Schmalspurbahn
Radebeul–Radeburg*

Albrechtsburg Meissen

Domplatz 1

01662 Meißen

Tel.: (0 35 21) 4 70 70, Fax (0 35 21) 47 07 11

A 4 Dresden-Autobahndreieck Nossen

(Abfahrt Wilsdruff, weiter wie Ausschilderung);

B 6 Dresden-Meißen-Leipzig;

B 101 Freiberg- Meißen-Großenhain;

S-Bahn Dresden-Meißen

Schloss Nossen
Klosterpark Altzella

01683 Nossen

Tel.: (0 35 242) 5 04 30, Fax (03 52 42) 5 04 33

A 4 Dresden-Nossen-Chemnitz;

A 14 Dresden-Nossen-Leipzig;

Eisenbahn: Dresden-Meißen-Nossen-Leipzig,

Riesa-Lommatzsch-Nossen

Burg Mildenstein

Burglehn 6

04703 Leisnig

Tel.: (03 43 21) 1 26 52, Fax (03 43 21) 5 15 37

A 14 Dresden-Leipzig (Abfahrt Leisnig);

Eisenbahn: Leipzig-Leisnig-Nossen

Burg Gnandstein

04655 Gnandstein

Tel.: (03 43 44) 6 13 09, Fax (03 43 44) 6 13 83

B 7 Rochlitz-Altenburg; B 95 Leipzig-Frohburg

(weiter wie Ausschilderung)-Chemnitz

Burg Kriebstein

09648 Kriebstein

Tel.: (03 43 27) 95 20, Fax (03 43 27) 9 52 22

A 4 Chemnitz-Dresden (Abfahrt Chemnitz-Ost,

weiter Richtung Döbeln); A 14 Leipzig-Dresden

(Abfahrt Döbeln-Nord, weiter Richtung Mittweida);

Eisenbahn: Berlin-Chemnitz, Station Waldheim

Schloss Rochlitz

Sörnziger Weg 1

09306 Rochlitz

Tel.: (0 37 37) 49 23 10, Fax (0 37 37) 49 23 12

A 14 Leipzig-Dresden (Abfahrt Döbeln-Nord,

weiter B 169 und B 175 Richtung Zwickau); A 4

Gera- Chemnitz-Dresden (Abfahrt Glösa, weiter

B 107 Richtung Wurzen)

Burg Scharfenstein

Schlossberg 1

09435 Scharfenstein

Tel.: (0 37 25) 7 07 20, Fax (0 37 25) 70 72 50

B 174 Chemnitz-Zschopau (weiter wie Ausschil-

derung)-Marienberg; B 101 Freiberg-Annaberg-

Buchholz (siehe Ausschilderung);

Eisenbahn: Chemnitz-Annaberg

Schloss Augustusburg

09573 Augustusburg

Tel.: (0 37 2 91) 38 00, Fax (03 729 1) 2 05 91

A 4 Chemnitz-Dresden (Abfahrt Frankenberg, wei-

ter über Flöha); A 72 Chemnitz-Plauen (Abfahrt

Chemnitz-Süd); B 180 Frankenberg-Zschopau;

Eisenbahn: Chemnitz-Erdmannsdorf

Schloss und Park Lichtenwalde

Schlossallee 1

09577 Lichtenwalde

Tel.: (03 72 06) 8 13 80, Fax (03 72 06) 7 38 97

A 4 Chemnitz-Dresden (Abfahrt Chemnitz-Ost);

B 169 Chemnitz-Frankenberg; 8 km vom Stadt-

zentrum entfernt

Bundesland
Sachsen-Anhalt

Torgau

14

Leipzig

Riesa

RIESA

12

Meißen
Ra·

15

16

17

13

18

14

Freiberg

4

Meerane

Chemnitz

21

Crimmitschau

Glauchau

20

Zwickau

Freistaat
Thüringen

19

Aue

Plauen

72

Freistaat
Bayern

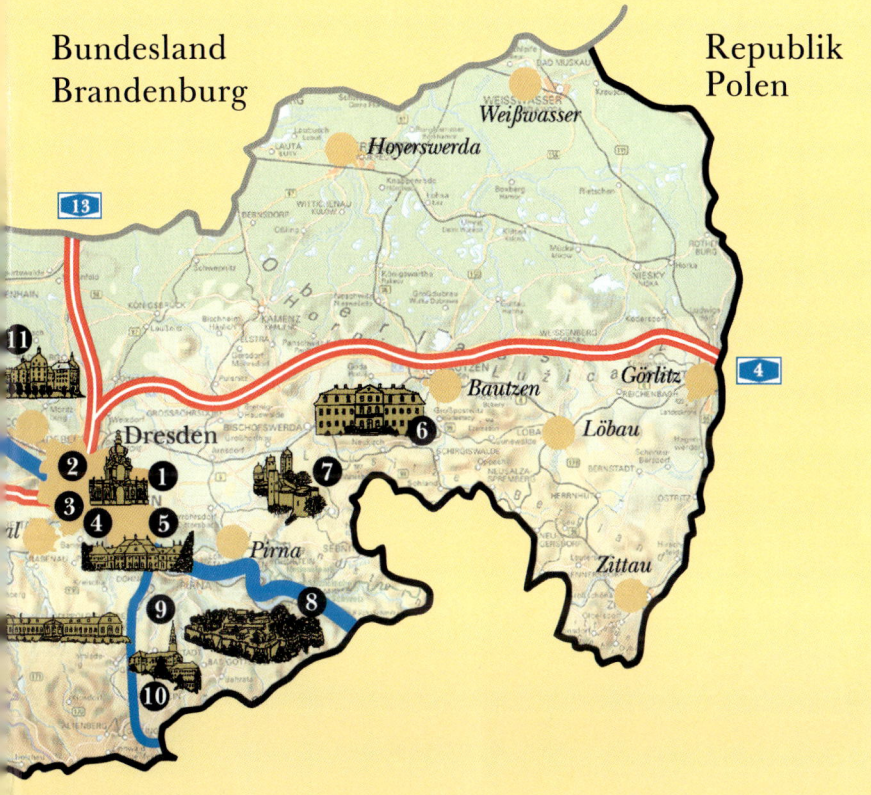

Bundesland
Brandenburg

Republik
Polen

Weißwasser

Hoyerswerda

13

Bautzen

Görlitz

4

Dresden

Löbau

Pirna

Zittau

Tschechische Republik

Freistaat ⬥ Sachsen

Legende
zur Karte der schönsten Schlösser,
Burgen und Gärten im Freistaat Sachsen